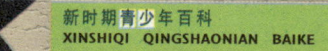

新时期青少年百科
XINSHIQI QINGSHAONIAN BAIKE

主编◎付久宸

谁动了你的世界

Shui Dong Le Ni De Shi Jie

电灯、电脑、塑料,甚至坐便器,
齿轮、拉链、汽车、炸药、枪支、原子弹……
一项项惊人的发明,
给人们带来了无穷的便利,
以及前人无法企及的巨大的能量。
然而,
科技永远是把双刃剑,
它同时也带给了人们无法摆脱的巨大阴影……

图书在版编目(CIP)数据

谁动了你的世界:探索人类文明发展进程 / 付久宸主编. -- 长春:东北师范大学出版社,2019.1(2021.6重印)
(新时期青少年百科)
ISBN 978-7-5681-4825-2

Ⅰ.①谁... Ⅱ.①付... Ⅲ.①世界史-文化史-青少年读物 Ⅳ.①K103-49

中国版本图书馆 CIP 数据核字(2018)第 178297 号

□责任编辑:陈 丹　　□封面设计:蔚蓝风行　睿珩文化
　　　　　　　　　　□责任校对:张婷婷　　□责任印制:张允豪

东北师范大学出版社出版发行
长春净月经济开发区金宝街 118 号(邮政编码:130117)
电话:0431-84568071
网址:http://www.nenup.com
东北师范大学出版社激光照排中心制版
天津久佳雅创印刷有限公司印装
北京市朝阳区朝阳北路黄渠村
2019 年 1 月第 1 版　2021 年 6 月第 2 次印刷
幅面尺寸:170mm×240mm　印张:12　字数:230 千

定价:35.80 元

Q前言
Qian yan

科学技术的飞速发展为人类创造了无穷的物质财富，使人类享有前人无法企及的巨大能量。这些卓越的成果改变了人类生产和生活的方式及质量，同时也深刻地更新了人类的思维观念和对世界的认知，改变并继续改变着世界的面貌。

在人类发展的漫长历史长河中，出现了很多发明创造，比如文字的发明，以及天文、历法、数学等方面取得的辉煌成就，这些都是人类智慧的结晶。科学技术的发展一点一滴地深入人类的生产和生活，致使人类的生活产生了翻天覆地的变化。

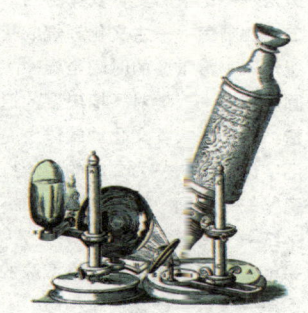

当人类的历史推进到20世纪时，科学技术发展到了空前辉煌的时代。美国科学家富兰克林曾说："将来人类的知识将会大大增长，今天我们想不到的新发明将会屡屡出现，我有时候几乎后悔自己出生过早，以致无法知道将来出现的新事物。"他的话说得不错。近100年来，人类的科技只能用日新月异这个词来形容，如果让一个生活在1900年的人来看今天的世界，他会认得汽车、电话、飞机，他也许还能想象出宇宙飞船、深海潜艇，但绝对会对计算机、互联网、基因工程、核能一无所知。现在，知识爆炸给了人类前所未有的自信和乐观。20世纪科技的进步和发展彻底改变了人类的生存方式，也使人类思考的方向有了新的变化。

但令人类遗憾的是，科技永远是一柄双刃剑，它给人类带来便利与财富的同时也给人类带来了无法摆脱的灾难。

在生物技术中出现的克隆技术，引发了人们的道德争议；需百年才降解完的白色垃圾——塑料，成为21世纪破坏自然环境的主要凶手。人们无法否认科学的两面性，因此，每一位发明家无疑都要面临着选择，而其中的关键在于是否善待生命，是否要保护人类赖以生存的自然环境。相信，任何一项以破坏环境为代价的发明都会受到道德法庭的审判。

编者

目录 MULU

/第1章/ 文化与艺术

文字——文明最闪亮的标志…………002
历法——记录历史，安排生活…………003
二十四节气——古文化辉煌成就…………005
纪年——最重要的时间坐标…………006
圆周率——人类对于精确度的追求…………007
造纸术——人类文化的载体…………009
活字印刷术——为文明的传承打开一扇亮窗…………010
瓷器——中国"第五大发明"…………011
报纸——传递文明的窗口…………012
铅笔——简约实用、价格低廉的书写工具…………013
钢笔——最有韵味的笔…………014
阿拉伯数字——最完善的数字制…………015
化学元素周期表——一切都可以简单有序…………016
五笔字型——最高级的汉字输入法…………018

音乐——为人类的情感赋予韵律…………019
记谱法——让旋律得以流传…………021
小提琴——最优雅的乐器…………023
钢琴——乐器之王…………025
电声乐器——为音乐赋予更多的姿彩…………027
足球——世界"第一运动"…………029
世界杯——足球的狂欢节…………031
篮球——时下越发火热的运动项目…………032
桥——跨水行空的道路…………034
地图——将世界浓缩于方寸之间…………035
电影——让世界在胶片上流淌…………036
电子游戏——如今的"电子海洛因"…………038
酿酒技术——让世界陶醉…………040
丝绸——生活变得柔滑而高贵…………042

目录 MULU

第2章 生活与医学

- 火种——让世界变得温暖而充满希望………045
- 火柴——最实用和廉价的取火工具………046
- 打火机——更加便捷和时尚的取火工具………048
- 香烟——带来"轻松"也带来危害………050
- 方便面——最成功的快餐………052
- 味精——让佳肴更美味………054
- 洗涤剂——让美好生活远离污秽………056
- 尼龙——改变人类生活的物质………057
- 塑料——一把令人遗憾的科技双刃剑………059
- 电视机——周游世界尽在一个窗口………061
- 电冰箱——现代生活的必备家电………063
- 空调——空气的调节器………064
- 抽水马桶——"卫生水准的标尺"………066
- 玻璃——让生活更加晶莹剔透………067
- 眼镜——眼睛的得力助手………068

- 镜子——属于偶然的发明………069
- 拉链——精致巧妙的设计发明………070
- 手表——时光在腕上流逝………071
- 信用卡——让信用也可以用来消费………073
- 再生纸——用行动拯救森林………074
- 青霉素——葡萄球菌的克星………075
- 抗生素——细菌的天敌………076
- 毒品——让人类走入迷途………077
- 克隆科技——生物学的奇迹………079
- 疫苗——人类健康的守护者………082
- 胰岛素——细胞代谢的重要调节物………084
- CT扫描仪——透视人体的每一寸的构造………086
- 人造器官——人体器官也可以是"零件"………088
- 基因工程——解读人类最隐秘的密码………090

第3章 通信与军事

- 电报——莫尔斯的神奇之举………092
- 电话——实现电流传递声音的奇迹………094
- 手机——科技让你无处"遁形"………096
- 火药——让人类更具有破坏力………098
- 手枪——最佳的突然开火的轻便武器………101
- 步枪——最佳的近战武器………103
- 坦克——陆战霸王………105
- 地雷——最隐秘的陆地武器………107
- 航空母舰——海上巨无霸………110
- 鱼雷——击沉舰船的主要力量………114
- 雷达——最神奇的"眼睛"………115
- 导弹——最常见的毁灭性武器………117
- 火箭——人类飞往宇宙的载体………119
- 核武器——人类和平的恶敌………121
- 原子弹——令世界离末日近些,再近些………123
- 生化武器——最不人道的人类武器………125

第4章 / 科学与技术

指南针——打开世界之门的指针………127
杂交水稻——为人类幸福生活带来福音………128
显微镜——让微观世界不再神秘………130
光纤技术——让传输变得更多姿多彩………131
望远镜——让人类的视野远些，再远些………133
避雷针——雷电时建筑物的安全卫士………135
蒸汽机——工业革命的标志………136
火车——最佳的轨道交通工具………138
齿轮——小事物改变大世界………141
汽车——最普遍的交通工具………143
自行车——最为绿色的交通工具………145
高速公路——推动经济发展的纽带………147
海底隧道——令海洋不再是前行的障碍………148
磁悬浮列车——悬空飞驰的交通工具………150
飞机——为人类插上飞翔的翅膀………151
轮船——海上最庞大的交通工具………153
幻灯机——透镜成像原理的最佳诠释………155
静电复印机——让信息具有更多的备份………157
照相机——记录世界的每一瞬间………159
计算机——引领人类走进信息时代的最佳工具………161
电子管——电子时代宣告到来的标志………163
集成电路——信息技术的核心………164
机器人——帮助人类完成不可完成的任务………165
电池——携带轻便的"能量源"………167
电灯——让人类不再畏惧黑暗………169
核能——令人生畏的能源………170
互联网——让世界从此变成"村落"………172
激光——最具穿透力的崭新强光源………174
太阳能技术——让阳光不仅仅是阳光………176
人造卫星——太空时代悄然走来的标志………178
宇宙飞船——探究地外文明的神奇交通工具………180
纳米技术——让世界走向更微观………182
发电机——电气时代"盛装登场"的标志………184
无线电——让信息的传递畅通无阻………186

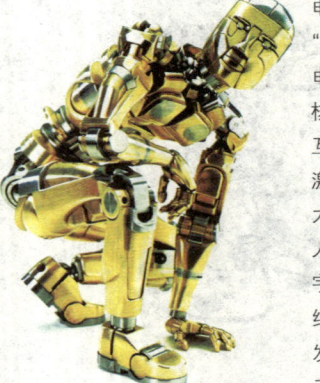

第1章 文化与艺术

文字的出现为人类的文明树起了一座不朽的丰碑,从此人类有了属于自己的记录载体,为日后人类文明的传承和科学的发展储备了丰富的资料。

当人类进入文明社会,并不仅仅是物质财富得到了积累,同时精神文明也不断发展起来,人们在从事生产劳动中逐渐掌握了数字和历法的使用,从此人类开始了对自然规律的研究。

当社会逐渐形成时,人们的认识水平大大提高,随着物质财富的极大丰富,音乐等一系列艺术形式也走上人类历史舞台,人类的生活变得更加丰富多彩。

文字——文明最闪亮的标志

认识大发明

人类社会的文明，严格意义上是从文字诞生开始的。文字是记录和传播语言的符号系统，是扩大语言在时间和空间上的交际功能的文化工具。

文字与汉字

文字是社会发展到一定阶段的产物，对人类文明的发展起了很大的促进作用。

首先，文字起源于图画。世界上所有的自源文字都起源于图画，也就是文字画。由文字画到图画文字，质的转变就在于浑然一体的图画逐步变成了与语言中的词相对应的独立的表意符号。当这些表意符号借助假借的手段，能够完整地按语言中词的顺序去记录实词和虚词的时候，成熟的文字体系就诞生了。古埃及的圣书字、古代苏美尔人的楔形文字，以及中国商代的甲骨文，都是起源于图画的古老文字体系。

其次，文字是记录和传播语言的符号系统。这就是说，语言是第一性，而文字是第二性的。语言是一种符号系统，文字就是这种符号系统的符号系统，文字首要的存在理由就在于记录和传播语言，使语言克服空间和时间的局限，流传异地、流传久远。

最后，文字既表音又表意。

说汉字可以不通过记录语言而直接表示观念，似乎是在褒扬汉字，其实恰恰是在贬低汉字。因为只有文字画或者一般的符号，才是不通过语言而直接表示概念的。例如，在包装箱上画一只高脚杯或画一把雨伞表示物品易碎或防止雨淋，在瓶子上画一个骷髅或两根交叉的骨头表示瓶子里装的是有毒物品。这些一目了然的符号，哪国人看了都会明白，即使一字不识的人看了也明白是什么意思。

↑甲骨文是一种古老的中国文字。

↓古老的东巴文字画——《渔》

文字将要面临的危机

人类社会不断地经历着融合与分裂，文字与民族也随着时代的不断更替而经历着产生与消亡。现在，读图时代的开始与物质图像的泛滥，对于文字来说可能是一种不可估量的灾难，这种由于科技飞速发展而带来的灾难远远超过古代中国秦始皇的"焚书坑儒"，另外，世界的统一化使得越来越多的文字濒临灭亡。

历法——记录历史，安排生活

认识大发明

历法是年、月、日等记时单位按一定法则组合，记录和计算较长时间的系统。历法一般分为三类：年、日依据天象的称为阳历，月、日依据天象的称为阴历，年、月、日都依据天象的称为阴阳历。三种历法各具特色，它的产生是人类生存所处自然环境决定的。

定历法制的原则

纵观古今中外的历法，其制定的基本原则有以下几方面：

第一，必须明确规定起始点，即开始计算的年代，这叫"纪元"；以及规定一年的开端，这叫"岁首"。第二，人为设计的年（历年）和月（历月）的天数必须是整日数。这样可以保证完整的一天只出现在同一年或一个月之中，而不会被分开。第三，多个历年的平均天数可以不是整日数，但是要保证每年的平均长度尽可能地接近于非整日数的回归年。第四，多个历月的平均天数可以不是整日数，但是要保证每月的平均长度尽可能地接近于非整日数的朔望月（朔望月是月球公转的一种周期，长度为29.5306日）。就是说，历法要尽可能准确地反映地球和月球运动的周期，使其符合四季变化规律和月相变化规律，在指导生活、安排生产等方面具有实用价值。

↑墨西哥阿兹特克的历法石

在制定历法时，还必须考虑到它的通用性，尽量能为广大范围的国家和地区所共同使用。同时应该做到简明、易记。这些看似简单的问题其实非常复杂，不仅需要长期连续的天文观测作为知识基础，而且需要相当的智慧。

↓我国古代人也用八卦图来推算历法。

历法的分类

理想的历法应该使用方便，容易记忆，历年的平均长度等于回归年，历月的平均长度等于朔望月。实际上这些要求是根本无法同时达到的，在一定长的时间内，平均历年或平均历月都不可能与回归年或朔望月完全相等，总要有些零数。

↑ 如今美观简洁的年历

↑ 历法对人们的生活有着重大的影响。

↑ 中国的历法和十二生肖有着一定的联系。

因此，目前世界上通行的几种历法，实际上没有哪一种称得上是最完美的。

人们想尽办法来安排日月年的关系。在历史上，在世界各地，存在过千差万别的历法，但就其基本原理来讲，不外乎三种：太阴历（阴历）、太阳历（阳历）和阴阳历。三种历法各自有各自的优缺点，目前世界上通行的"公历"实际上就是太阳历。

时间长河没有边际，只有确定每一日在其中的确切位置，我们才能记录历史、安排生活。我们日常使用的日历，对每一天的"日期"都有极为详细的规定，这实际上就是历法在生活中最直观的表达形式。

历法对人们生产生活的重大影响

在世界上，中国是最早发明历法的国家之一，历法的出现对中国经济、文化的发展有一定的影响。中国的传统历法是农历，也被称为"阴历"、"殷历"、"古历"、"黄历"、"夏历"和"旧历"等。农历属于阴阳历并用，一方面以月球绕地球运行一周为一"月"，平均月长度等于"朔望月"，这一点与阴历原则相同，所以也叫"阴历"；另一方面设置"闰月"，使每年的平均长度尽可能接近回归年，同时设置二十四节气以反映季节的变化特征，因此农历集阴、阳两历的特点于一身，也被称为"阴阳历"。至今几乎全世界所有华人以及朝鲜半岛和越南等国家，仍旧使用农历推算传统节日，如春节、中秋节、端午节等节日。

在今天看来，当时历法的产生是中国古人为了掌握农务的时候（简称农时），长期观察天体运行的结果。中国的农历之所以被称为阴阳合历，是因为它不仅有阳历的成分，还有阴历的成分。它把太阳和月亮的运行规则合为一体，做出了两者对农业影响的终结，所以中国的农历比纯粹的阴历或西方普遍利用的阳历实用方便。

农历是中国传统文化的代表之一，它的准确巧妙常常被中国人视为骄傲。

二十四节气——古文化辉煌成就

认识大发明

二十四节气是根据地球在环绕太阳运行的轨道上所处位置划定的，属于阳历的范畴。地球绕太阳公转一周为360°，以春分时为0°，清明时为15°，以后每隔15°为一个节气，其日期在阳历中是基本固定的。

二十四节气歌

春季	节气名	立春(正月节)	雨水(正月中)	惊蛰(二月节)	春分(二月中)	清明(三月节)	谷雨(三月中)
	节气日期	2月4或5日	2月19或20日	3月5或6日	3月20或21日	4月5或6日	4月20或21日
	太阳到达黄经	315°	330°	345°	0°	15°	30°
夏季	节气名	立夏(四月节)	小满(四月中)	芒种(五月节)	夏至(五月中)	小暑(六月节)	大暑(六月中)
	节气日期	5月5或6日	5月21或22日	6月5或6日	6月21或22日	7月7或8日	7月23或24日
	太阳到达黄经	45°	60°	75°	90°	105°	120°
秋季	节气名	立秋(七月节)	处暑(七月中)	白露(八月节)	秋分(八月中)	寒露(九月节)	霜降(九月中)
	节气日期	8月7或8日	8月23或24日	9月7或8日	9月23或24日	10月8或9日	10月23或24日
	太阳到达黄经	135°	150°	165°	180°	195°	210°
冬季	节气名	立冬(十月节)	小雪(十月中)	大雪(十一月节)	冬至(十一月中)	小寒(十二月中)	大寒(十二月中)
	节气日期	11月7或8日	11月22或23日	12月7或8日	12月21或22日	1月5或6日	1月20或21日
	太阳到达黄经	225°	240°	255°	270°	285°	300°

↑中国二十四节气表

二十四节气的起源

二十四节气起源于黄河流域，远在春秋时代，就定出了仲春、仲夏、仲秋和仲冬等四个节气。之后不断地改进与完善，到秦汉年间，二十四节气已完全确立。公元前104年，由邓平等制定的《太初历》，正式把二十四节气订于历法，明确了二十四节气的天文位置、二十四节气的发明时间与发明人。

二十四节气是我国所独创的，最早出现于汉代。它表示了地球在轨道上运行的24个不同的位置，刻画出一年中气候变化的规律。地球绕太阳旋转，视运动一周为360°，分成24等份，每份15°（大约半月时间）就有一个节气。一年四季共有二十四节气，依次称为：立春、雨水、惊蛰、春分、清明、谷雨、立夏、小满、芒种、夏至、小暑、大暑、立秋、处暑、白露、秋分、寒露、霜降、立冬、小雪、大雪、冬至、小寒、大寒。

↑二十四节气表示了地球在轨道上运行的24个不同位置，呈现了一年中气候变化的规律。

二十四节气对中国的影响

二十四节气是中国历法的独创，是我国古代科学文化的辉煌成就之一。二十四节气的划定是我国古代天文和气候科学的伟大成就。2000多年来，它在安排和指导农业生产过程中，发挥了重大的作用，并且二十四节气对中国传统节日的产生提供了前提条件，使得中华民族的一些独特风俗文化融入传统节日中，并一直延续发展，经久不衰。

纪年——最重要的时间坐标

纪年是人们给某一年起名的方法,主要的方法有帝王纪年、公元纪年、岁星纪年、干支纪年等。

中国在汉武帝以前用帝王纪年,从即位年用元年、二年、三年……。改元时,用"中二年""后元年"等。从汉武帝到清末,用年号纪年。1911年推翻帝制之后采用民国诞生时间来纪年,兼或使用公元纪年。1949年中华人民共和国成立以后采用全世界通用的公元纪年。

公元纪年

现在国际上通用的纪年是西方公元纪年制,过去也叫作"耶稣基督纪元""纪元""公元"等。在西方国家,用略语 A.D.表示,取自拉丁语 *Anno Domini*,*Anno* 是"年",*Domini* 是"主"的意思;在英语中是"in the year of our Lord""in the year of the Christian era",大致是"吾主纪元""耶稣基督纪元"的意思。"公元前",西方略语为 B.C.,即"before Christ","耶稣基督之前"的意思。所以,公元纪年制是从耶稣基督降生开始纪年。

纪年的重大意义

在创立各国通行的纪年方法以前,世界各地纪年方法都很混乱。我国从很早就是一个皇帝一个年号,从登基开始纪年。欧洲有从某城市建城开始纪年的方法,有的地方根本没有纪年方法。许多历史文献记载当时发生的事件,涉及人物、地点、情节等,但没有年、日期的记载,没有"时间坐标",偶尔有季节、时辰的描述,所以,为文献记载的事件定出时间坐标,尤其是纪年,成为史学研究的重要领域。

↑以皇帝年号纪年的中国钱币

↑在我国甘肃北部出土的汉代纪年简

龙文小百科　十二生肖

生肖,也就是俗话说的"属相",是中国人特有的一种表示出生时间的方式。

十二生肖是指用来分别记人的出生年的十二种动物。这十二种动物是鼠、牛、虎、兔、龙、蛇、马、羊、猴、鸡、狗、猪。

属相(生肖)的十二种动物与十二地支相配合便是子鼠、丑牛、寅虎、卯兔、辰龙、巳蛇、午马、未羊、申猴、酉鸡、戌狗、亥猪。

十二属相是人为命定下来的,它基本上属于一种时间概念,因为它是与年、月、日、时相联系的。但是,由于它与十二种动物相联系,人们又赋予它一种特殊的神秘色彩,它反过来影响着人们的心理意识。这一切又被道家、方士和阴阳先生所利用,使得十二属相更加扑朔迷离。

圆周率——人类对于精确度的追求

认识大发明

圆周率是指圆的周长同它直径的比值，它是一个常数，用希腊字母 π 表示：π=3.14159265358979323846…它又是无理数和超越数。在中国古代有圆率、圆率、周等名称。

古老的圆周率

古希腊的欧几里得在《几何原本》（约公元前3世纪初）中提到圆周率是常数，中国古算书《周髀算经》（约公元前2世纪）中有"径一而周三"的记载，也认为圆周率是常数。历史上曾采用过圆周率的多种近似值，早期大都是通过实验而得到的结果，如古埃及纸草书（约公元前1700年）中取 π ≈ 3.1604。

第一个用科学方法寻求圆周率数值的人是阿基米德，他在《圆的度量》（公元前3世纪）中用圆内接和外切正多边形的周长确定圆周长的上下界，从正六边形开始，逐次加倍计算到正96边形，得到 3+（10/71）＜π＜3+（1/7），开创了圆周率计算的几何方法（亦称古典方法或阿基米德方法），得出精确到小数点后两位的 π 值。

探索圆周率的漫漫长路

中国数学家刘徽在注释《九章算术》时（263年）只用圆内接正多边形就求得 π 的近似值，也得出精确到小数点后两位的 π 值，他的方法被后人称为割圆术。南北朝时代的数学家祖冲之进一步得出精确到小数点后7位的 π 值（约5世纪下半叶），给出不足近似值 3.1415926 和过剩近似值 3.1415927，除此之外还得到两个近似分数值，密率 355/113 和约率 22/7。

这个密率在西方直到1573年才由德国人奥托得到，1625年发表于荷兰工程师安托尼斯的著作中，欧洲称之为"安托尼斯率"。

↑阿基米德早在几千年前就开创了圆周率计算的几何算法。

↑首先提出圆周率是个常数的人是古希腊数学家欧几里得。

←祖冲之运率图

↑中国数学之星——刘徽

↑16世纪最有影响的法国数学家——韦达

阿拉伯数学家卡西在15世纪初求得圆周率17位精确小数值,打破祖冲之保持近千年的纪录。荷兰数学家鲁道夫·科伊伦于1596年将 π 值算到20位小数值,后投入毕生精力,于1610年算到小数点后第35位,该数值被用他的名字称为"鲁道夫数"。

1579年法国数学家韦达给出 π 的第一个解析表达式。此后,无穷乘积式、无穷连分数、无穷级数等各种 π 值表达式纷纷出现,π 值计算精度也迅速增加。1706年英国天文学教授梅钦计算出的 π 值突破100位小数大关。1873年另一位英国数学家尚可斯将 π 值计算到小数点后707位,可惜他的结果从528位起是错的。到1948年英国的弗格森和美国的伦奇共同发表了 π 的808位小数值,成为人工计算圆周率值的最高纪录。

电子计算机的出现使 π 值计算有了突飞猛进的发展。1949年美国马里兰州阿伯丁的军队弹道研究实验室首次用计算机(ENIAC)计算 π 值,一下子就算到2037位小数,突破了千位数。1989年美国哥伦比亚大学研究人员用克雷-2型和IBM-VF型巨型电子计算机计算出 π 值小数点后4.8亿位数,后又继续算到小数点后10.1亿位数,创下新的纪录。

除 π 的数值计算外,它的性质探讨也吸引了众多数学家。1761年德国数学家兰伯特第一个证明 π 是无理数。1794年法国数学家勒让德又证明了 π^2 也是无理数。到1882年德国数学家林德曼首次证明了 π 是超越数,由此解释了困惑人们2000多年的"化圆为方"尺规作图问题是无解的。还有人对 π 的特征及与其他数字的联系进行研究,如1929年苏联数学家格尔丰德证明了 eπ 是超越数等。

←第一个证明 π 是无理数的德国数学家兰伯特

造纸术——人类文化的载体

认识大发明

造纸术是我国古代四大发明之一。早在 1800 多年前，造纸术的发明者蔡伦（此说法存疑）即使用树肤（树皮）、麻头（麻屑）、敝布（破布）、破鱼网等为原料制成"蔡侯纸"，于公元 105 年献给东汉和帝，受到高度赞扬。造纸术的发明对中国和世界文明进步做出了巨大贡献。

造纸术的传播

造纸术在我国由发明而发展，遍及全国。到 7 世纪初期（隋末唐初）开始东传至朝鲜、日本；8 世纪西传入撒马尔罕，就是后来的阿拉伯，接着又传入巴格达；10 世纪传到大马士革、开罗；11 世纪传入摩洛哥；13 世纪传入印度；14 世纪到达意大利，意大利很多城市都建了造纸厂，成为欧洲造纸术传播的重要基地，从那里再传到德国、英国；16 世纪传入俄国、荷兰；17 世纪传到英国；19 世纪传入加拿大。

造纸术对文化传播的重大影响

造纸术是中国古代最伟大的发明之一，也是人类文明史上的一项杰出成就。造纸术的伟大之处，首先在于纸张作为人类文化载体的重大作用。造纸术被发明之后，纸张便以新的姿态进入社会文化生活之中，并逐步在中国大地传播开来后传到海外。这是书籍材料的伟大变革，在人类文明史上具有划时代意义。造纸术的发明大大提高了纸张的质量和生产效率，扩大了纸的原料来源，降低了纸的成本，为文化的传播创造了有利条件。

纸张的进一步参证

随着考古科学的不断深入，历史史册一页页被打乱，蔡伦造纸术这一说法也被人质疑。20 世纪以来的考古发掘实践动摇了蔡伦发明造纸术的说法。1933 年新疆罗布淖尔汉烽燧遗址中出土了公元前 1 世纪的西汉麻纸，比蔡伦早了一个多世纪；1957 年西安市东郊的灞桥再次出土了公元前 2 世纪的西汉初期古纸；1973 年在甘肃省居延的汉代金关遗址，1978 年在陕西省扶风中颜村的汉代窖藏中，也分别出土了西汉时的麻纸。更值得指出的是，1986 年甘肃天水市附近的放马滩古墓葬中出土了西汉初文帝、景帝时期（前 179—前 141 年）绘有地图的麻纸，这是目前发现的世界上最早的植物纤维纸。

↑ 蔡伦塑像

↓ 古代造纸的工艺流程

活字印刷术——为文明的传承打开一扇亮窗

活字印刷术的发明是印刷史上一次伟大的技术革命。北宋庆历年间中国的毕昇（约970—约1051年）发明的泥活字，标志着活字印刷术的诞生。因此他是世界上第一个活字印刷发明人，比德国谷登堡活字印书早约400年。

活字排版印刷

活字印刷前，先用胶泥刻成一个个的单字，用火烧硬，就成了活字。排字的时候，依照稿本拣出所需要的字，排在一块放有松香、蜡、纸灰的铁板上面，用铁框围住四周。活字排满一板之后，就用火烘热，使松香和蜡熔化，再用平板从上面压平，使板上的字面平整。铁板冷却以后，活字就固定在板上，可以上墨印刷了。印刷完毕，再把字板烘热，取下活字，留备以后再用。常用单字往往准备好几个，甚至20多个。同时，他又拿两块铁板交替使用，一块排字，另一块印刷，大大缩短了排印的时间。

活字印刷的传播

毕昇发明的活字印刷术，由于封建统治阶级不重视劳动人民的发明创造，在他生前没有得到推广。后代科学家根据胶泥活字改进了活字印刷技术，使其更加完善。随着中外经济文化的交流，13世纪以后，中国的活字印刷术逐渐传播到朝鲜、日本、欧洲等地，到19世纪后，活字印刷术已传遍全世界。

活字印刷的意义

印刷术的发明在人类历史上具有划时代的意义。平民毕昇发明的活字印刷术，在长期的实践中不断改进，虽然方法还比较简便，但基本原理和现在铅字排印是一致的。这是中国和世界印刷工业史上的一次划时代的大革命，后传播到世界各地，大大推进了人类文明的进程。

伟大的思想家、革命家马克思认为，印刷术是预兆资产阶级社会到来的三项伟大发明之一。它是"变成制造精神发展的必要的前提下的最强大的推动力"。

↑北宋年间发明活字印刷的毕昇塑像

↑活字印刷所使用的字模

←欧洲早期的活字印刷机

瓷器——中国"第五大发明"

认识大发明

中国是世界上率先发明瓷器的国家，为人类历史写下了光辉的一页。瓷器的发明，堪称我国的"第五大发明"，这一融技术和艺术于一体的伟大成就，传播到世界各国，并深刻影响到陶瓷文化的发展，为我国赢得了"瓷器之国"的盛誉。

瓷器的历代发展

"瓷器"的发明始于汉代，至唐、五代时渐趋成熟，宋代为瓷器业蓬勃发展时期，出现了定、汝、官、哥、钧等窑。元代青花和釉里红等新品迭出，明代继承并发展了宋瓷传统，宣德年间成化窑制品，尤为突出。清代瓷器风格古雅浑朴，比前时稍逊，却胜在精巧华丽、美妙绝伦的造型，康熙、雍正、乾隆时所制器物，更是出类拔萃，令人叫绝。

↑用景泰蓝制作的瓷器

瓷器的传播

中国陶瓷输出的地区最初主要是亚洲地区。18世纪初，西欧皇室和宫廷开始兴起收藏中国瓷器之风。葡萄牙开辟新航路之后，瓷器也成为欧洲社会最珍贵的礼物。这一时期，欧洲流行的洛可可（Rococo）艺术风格，以生动、幽雅、甜美、自然为特色，其倡导的艺术作风与中国艺术风格中的精致、柔和、纤巧和幽雅殊途同归。这也促进了包括瓷器在内的、有"中国风格"的物品流传至整个欧洲社会。

中国瓷器行销全世界，成为世界性的商品。China一词也随着中国瓷器在英国及欧洲大陆的广泛传播，转而成为瓷器的代名词，使得"中国"与"瓷器"成为密不可分的双关语。

↑欧式突出柔媚的洛可可风格，其中就有中国的瓷器作为装饰。

中国瓷器的意义

瓷器取代陶器，不仅方便了人们的日常生活，丰富了人们的审美情趣，也证明了中华民族是具有伟大创造力的民族。其在每一个工艺过程中都凝聚着古代先民的智慧和辛勤汗水，更是蕴含了重要的历史价值和艺术价值。

瓷器在汉唐以后源源不断地输出到世界各地，促进了当时中国与外界的经济、文化交流，并且对其他国家人民的传统文化和生活方式产生了深远的影响。

↑中国古代精美的瓷器

报纸——传递文明的窗口

报纸是以刊载新闻和时事评论为主,以定期、连续、散页的方式向公众发行的出版物,是把个人同国家、世界联系起来的纽带和桥梁,是以传播新闻为主、反映和引导舆论的重要宣传工具。

报纸从雏形走向成熟

早在2000多年前,中国就出现过类似报纸的文书抄本。它是当时的官府用以抄发皇帝谕旨和臣僚奏议等文件及有关政治情况的刊物,称为"邸报"。它具有报刊的某些特点,可认为是最早形式的"政府公报"。原藏于敦煌莫高窟的唐代《进奏院状》,是中国已知的最早的一份手抄邸报。

↑中国最早的报纸——邸报

使用印刷术印刷报纸大约出现在1450年的欧洲。报道哥伦布发现新大陆经历的报纸出现在1493年,是罗马当时印制的第一份报纸。当时的报纸并非天天出版,只是在有重大新闻时才临时刊印。

1609年,索恩在德国出版了《艾维苏事务报》,每周出版一次,这是世界上最早定期出版的报纸。不久,报纸便在欧洲流行起来,这一时期报纸消息报道的来源一般都依赖于联系广泛的商人。

日报首次发行于1650年,是德国人蒂莫特里茨出版的。虽然只发行了3个月左右,但却是世界上第一份日报。

↑时下流行的报纸——《精品购物指南》

报纸是出版周期最短的定期连续出版物。报纸的基本特点是内容新、涉及面广、读者较多,是影响面比较广的文献信息源,也是现代社会的人们获取信息非常重要的源泉。

←各种各样的报纸已经成为人们生活中必不可少的信息源。

铅笔——简约实用、价格低廉的书写工具

 **认识大发明** 铅笔是一种用石墨或加颜料的黏土做笔芯的笔。

铅笔发展史

铅笔的历史非常悠久，它起源于 2000 多年前的古希腊、古罗马。那时的铅笔很简陋，只不过是金属套里夹着一根铅棒，有的甚至只是铅块而已。但是从字义上看，它倒是名副其实的"铅笔"。而我们今天使用的铅笔是用石墨和黏土制成的，里面并不含铅。

现代铅笔的鼻祖诞生于 16 世纪中叶的英国坎伯兰山脉的布洛迪尔山谷。1565 年，在布洛迪尔山谷有人发现了一种称为石墨的黑色矿石可以用来写字，他们随即将这种矿石切割成细条，运往伦敦出售，供商人们在货篮和货箱上作标记之用，故称为"标记石"。这里的石墨矿简直就像是上帝专为生产铅笔而赐予的，纯度高，光滑而不易折断。后来人们将石墨棒插入钻好的小木棍中，就制成了与今天相近的铅笔。

↑现代人使用的铅笔

1761 年，德国化学家哈伯建立了世界上第一家铅笔厂。他将石墨、硫黄、锑和松香混合，调成糊状，然后再将其挤压成条烘干，这样提高了石墨的韧性，而成为今天铅笔的雏形。

18 世纪时，能生产铅笔的只有英、德两国。后来，由于战争的影响，法国的铅笔来源中断。当时的法国皇帝拿破仑命令本国的化学家尼古拉斯·孔蒂就地取材，生产本国铅笔。孔蒂用法国出产的劣质石墨与黏土混合，并通过控制黏土与石墨的比例来调整其硬度和颜色深浅，成型后置于窑内焙烧制成笔芯，再用松木制成笔杆裹住笔芯，获得成功。这样生产出的铅笔成为当时最好用的铅笔，问世后很快传到了世界各地。

↑德国化学家哈伯

1822 年，英国的霍金斯与莫达合作，发明了第一支"伸缩式铅笔"。1838 年，美国人基拉恩发明了"活动铅笔"。此后又经过多次改进，逐渐发展成为今天的"自动铅笔"。

↑可以用来写字的石墨棒

钢笔——最有韵味的笔

认识大发明

钢笔也叫自来水笔,是一种笔头用金属制成的笔,它是我们目前使用最为广泛的书写工具之一。

钢笔的先祖

千百年来,欧洲人一直使用的是翎管笔(也称羽毛笔),它是用鸡、鸭、鹅、鹰等鸟类的翅羽制作的,最常用的是鹅翅羽毛。但翎管笔的寿命很短,笔尖很容易磨秃或劈裂,一支笔能写几千字就很不错了。后来,人们在翎羽毛笔尖上包一层金属薄片,这样就诞生了金属笔尖。随后,木杆、金属杆又逐渐取代了鸟翅羽毛,演变成为蘸水笔。

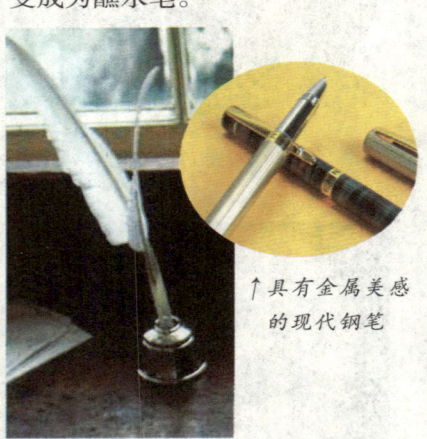

↑具有金属美感的现代钢笔

↑欧洲人使用的羽毛笔

虽然笔的寿命大大延长了,但每写几个字就要蘸一下墨水,在写字过程中极不方便。1809年,英国人福逊发明了笔杆中可以灌注墨水的笔,笔杆上部有一小孔,小孔关闭时笔尖写不出字,只有打开小孔时墨水才能流至笔尖。同年,由另一个英国人布莱姆改进的蘸水笔具有一个很薄的银制笔杆,要像使用带橡皮囊的玻璃管一样用手挤压笔杆,笔尖才能写出字来。

钢笔的发展历程

初具今天自来水笔结构的发明距今仅有百余年的历史。它是1884年由美国人沃特曼发明的。

沃特曼当时从事保险工作,在工作中常常因为笔漏墨水而使花费很大精力绘制出的表格作废,所以他想应该重新设计出一种能控制墨水下泄、使用更加方便的自来水笔。于是,他放弃了当时所从事的工作,开始潜心研究自来水笔。1884年左右,他的研究取得了成果。他利用毛细管的作用,用一条长形的硬橡皮,连接笔嘴和笔内的贮墨水管,又在硬橡皮上钻了一条细如毛发的通管,可容少量的空气进入贮管,以保持贮管内的气压平衡。这样,在笔嘴受到压力时,墨水便会源源不断地流至笔尖,有效地解决了墨水的突然滴漏问题。此后,又有人对沃特曼的发明进行了改进,将加装墨水的滴管改成了能自动吸墨水的胶皮软管,使用更加方便。

↑发明钢笔的美国人沃特曼

阿拉伯数字——最完善的数字制

认识大发明

阿拉伯数字又称"印度－阿拉伯数字"。最初由印度人用梵文的字头表示数字，几经演变传至阿拉伯帝国，12世纪初传入欧洲，故称阿拉伯数字。但直至16世纪其写法才与现在基本一致。用阿拉伯数字记数时按照十进位制，从最高位起按顺序写出各数位上的数。

阿拉伯数字的特点

阿拉伯数字是世界上最完善的数字制。它的优点是笔画简单、结构科学、形象清晰、组数简短，所以被世界各国普遍应用，成为一套国际通行的数字体系。

阿拉伯数字是一种数字系统。现代所称的阿拉伯数字以十进制为基础，采用0、1、2、3、4、5、6、7、8、9共10个计数符号。采取位值法，高位在左，低位在右，从左往右书写。借助一些简单的数学符号（小数点、负号等），这个系统可以明确地表示所有的有理数。为了表示极大或极小的数字，人们在阿拉伯数字的基础上创造了科学记数法。

阿拉伯数字的传播

古代印度人创造了阿拉伯数字后，大约到了7世纪时，这些数字传到了阿拉伯地区。到13世纪时，意大利数学家斐波那契写出了《算盘书》，在这本书里，他对阿拉伯数字作了详细的介绍。后来，这些数字又从阿拉伯地区传到了欧洲，欧洲人把这些数字叫作阿拉伯数字。以后，这些数字又从欧洲传到世界各国。阿拉伯数字传入我国，大约是在13~14世纪。由于我国古代有一种数字叫"筹码"，写起来比较方便，所以阿拉伯数字当时在我国没有得到推广运用。20世纪初，随着我国对外国数学成就的吸收和引进，阿拉伯数字在我国才逐渐开始使用，而今，阿拉伯数字在我国推广使用已有100多年的历史。阿拉伯数字现在已成为人们学习、生活和交往中最常用的数字。

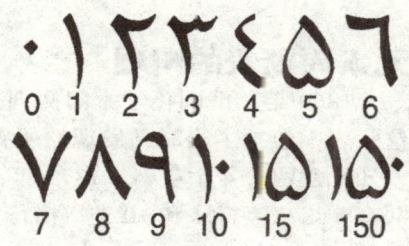
↑ 古老的阿拉伯数字

↓ 意大利数学家斐波那契在13世纪时写出的《算盘书》里就已经对阿拉伯数字作了详细的介绍。

化学元素周期表——一切都可以简单有序

认识大发明

元素周期表是元素周期律用表格表达的具体形式，它反映元素原子的内部结构和它们之间相互联系的规律。元素周期表简称周期表。元素周期表有很多种表达形式，目前最常用的是维尔纳长式周期表。

元素周期表的出现

1869年，俄国化学家门捷列夫在《俄国化学会志》上发表了他的元素周期表，这张表中包括了当时已发现的所有元素。性质类似的各族是横排，周期是竖排，为未知元素留了4个空格。1871年，他又给出了经过修正补充的第二张表，在新表中共有8组（竖行）和10类（横行）。

1864年德国化学家迈耶尔按元素原子量递增的顺序给出"六元素表"，1868年他也给出了元素周期表，但未公诸于世。1869年门捷列夫周期表发表后不久，他也独立地制出了周期表，于1870年发表，并明确指出元素性质是它们原子量的函数。这张表比门捷列夫周期表对相似的元素族划分得更为完善，而且形成了现在的过渡元素族。

元素周期表的元素分布

元素周期表有7个周期、16个族和4个区。元素在周期表中的位置能反映该元素的原子结构。周期表中同一横列元素构成一个周期。同周期元素原子的电子层数等于该周期的序数。同一纵行（第Ⅷ族包括3个纵行）的元素称"族"。族是原子内部外电子层构型的反映。

↑发明化学元素周期表的俄国化学家门捷列夫

←人们通常使用的化学元素周期表

元素周期表能形象地体现元素周期律。根据元素周期表可以推测各种元素的原子结构以及元素及其化合物性质的递变规律。当年，门捷列夫根据元素周期表中未知元素的周围元素和化合物的性质，经过综合推测，成功地预言了未知元素及其化合物的性质。现在科学家利用元素周期表，指导寻找制取半导体、催化剂、化学农药、新型材料的元素及化合物。

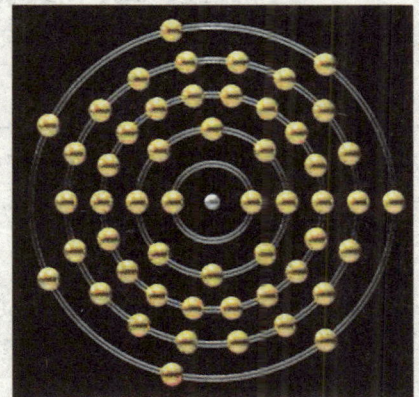

↓碘原子的结构图

元素周期表的重要作用

元素周期律和周期表，揭示了元素之间的内在联系，反映了元素性质与它的原子结构的关系，在哲学、自然科学、生产实践等各方面都有重要意义。

在哲学方面，元素周期律揭示了元素原子核电荷数递增引起元素性质发生周期性变化的事实，从自然科学上有力地论证了事物变化的量变引起质变的规律性。

元素周期表是周期律的具体表现形式，它把元素纳入一个系统内，反映了元素间的内在联系，打破了曾经认为元素是互相孤立的观点。通过元素周期律和周期表的学习，可以加深对物质世界对立统一规律的认识。

在自然科学方面，周期表为发展物质结构理论提供了客观依据。原子的电子层结构与元素周期表有着密切的关系，周期表为发展过渡元素结构、镧系和锕系结构理论，甚至为指导新元素的合成、预测新元素的结构和性质都提供了线索。元素周期律和周期表在自然科学的许多门类，尤其是化学、物理学、生物学、地球化学等方面，都是重要的工具。

龙文小百科 门捷列夫

门捷列夫，俄国化学家，1834年出生于西伯利亚多波尔斯克，他的父亲是一位中学校长。他对化学的最重要贡献是：建立了元素周期分类法，这是自17世纪化学成为独立学科以来的又一功绩。

门捷列夫在校时擅长数学、物理和地理学。1848年入彼得堡专科学校。1855年取得教师资格，并获金质奖章。1856年获化学高等学位，1857年首次取得大学职位，1859年被派往德国海德堡大学进修。在此期间，他与法国化学家和意大利的化学家进行了交往，这些化学家在区别原子量和分子量方面的坚决主张，对其影响很大。

1864年，门捷列夫任技术专科学校化学教授，3年后任彼得堡大学化学教授，1868—1870年写出《化学原理》。在著书过程中，他深入探索了元素性质间的关系，对所有已知元素按原子量递增的顺序排列成表，显示出元素性质具有周期性的变化规律。门捷列夫预言周期表上的空缺将由未知元素来填补。在以后20年中发现的3个新元素，确实具有他所预言的性质。周期表逐渐成为大部分化学理论的骨架。20年后，在元素的放射蜕变中，证明用周期表阐明元素之间的嬗变过程非常有用。

1907年，门捷列夫逝世于彼得堡。

↑伏案认真工作的门捷列夫

五笔字型——最高级的汉字输入法

"输入"一词在《现代汉语词典》中的解释为,科学技术上指能量、信号等进入某种机构或装置。汉语的中文信息就是要"用计算机对汉语的音、形、义进行处理。"汉字输入法,通俗说,就是通过电脑打出汉字的一种方法。

汉字输入法的发明

国家标准局于1981年发布《信息交换用汉字编码字符集基本集》GB2312-80,按汉字在该字符集中的位置编码来输入汉字的方法就是区位码。王永民的五笔字型输入法(王码)于1983年推出。

↑五笔字型输入法的发明人——王永民

1983年春,王永民研究出了一个用26个字母键高效率地输入汉字的全新方案,这就是"五笔字型"。他潜心研究了5年,抄编了12万张卡片,首创了"汉字字根周期表"和"字词兼容"技术,在世界上,首破电脑汉字每分钟输入100字大关,令世人惊讶。五笔字型获中、美、英三国专利。专家们一致认为,这是一项世界最高水平的汉字输入技术。

王码输入法的意义

数字王码的发明,有效地缓解了当前汉字输入难、查字难、提笔忘字写字难的"三大困惑",实现汉字输入技术的第二次革命,使得中国迅速融入信息世界之中。数字王码作为一个原创性发明,可以广泛地应用于手机、电话机、税控机等方面。

汉字输入法对汉文化的冲击

计算机投入运用之初,许多人担心汉字和汉语能否跨过文字这道门槛进入高科技的21世纪。随着汉字输入法的发明和日趋精良,这种担忧已经不存在了,但"E时代"的汉字和汉语又遇到了新问题:从今往后,日益增多的电脑用户、"网民"和手机短信的收发者们,无论思考、写作、通信、娱乐和交谈,都将很快习惯于依靠电脑、手机和网络。也就是说,他们将主要通过手指和键盘,而不是通过大脑、口舌、笔墨书写和面对面的交谈来接触汉字与汉语。汉语、汉字和汉文化将越来越"悬"在离开心脑一臂之遥的指尖上,其根基之脆弱,命运之不测,自不待烦言。

《五笔字型汉字编码方案》字根总表

区码	位码	代母	笔画	键名	基本字根
1横起笔	1	11	G	一	王	五戈
	2	12	F	二	土士	十干 寸雨
	3	13	D	三	大犬	石古厂
	4	14	S		木	丁西
	5	15	A		工	匚七弋戈 廿
2竖起笔	1	21	H		目	冂止卜
	2	22	J		日	曰虫 早虫
	3	23	K		口	川
	4	24	L		田	甲四皿 车力 由门贝几
	5	25	M		山	由门贝几
3撇起笔	1	31	T	丿	禾	竹攵彳夂
	2	32	R		白	手扌斤
	3	33	E		月	彡乃豕
	4	34	W		人	八
	5	35	Q		金钅	勹夕 儿
4捺起笔	1	41	Y	丶	言讠	文方广丶
	2	42	U		立	辛六冫丷门
	3	43	I		水氵	小
	4	44	O		火	灬米
	5	45	P	之		宀冖廴辶
5折起笔	1	51	N	乙	已巳己	尸心忄羽
	2	52	B	《《	子子	山九阝耳
	3	53	V		女	刀九彐臼
	4	54	C	又		マ巴马
	5	55	X		幺	弓匕

↑王码五笔输入字根表

音乐——为人类的情感赋予韵律

认识大发明

音乐是一种通过一定的音响组合，表现人们思想感情和生活情态的艺术。音乐一般通过歌唱、演奏，为听众所感受而产生艺术效果。其构成要素和表现手法有旋律、节奏、和声、调式、音色、力度、速度等。音乐可以分为声乐和器乐两大类。

音乐的起源

音乐的起源可以追溯到非常古老的洪荒时代。在人类还没有产生语言时，就已知道利用声音的高低、强弱等来表达自己的思想和情感。

随着人类劳动的发展，逐渐产生了统一劳动节奏的号子和相互间传递信息的呼喊，这便是最原始的音乐雏形了。每当人们庆贺丰收和分享劳动成果的时候，往往以敲打石器、木器来表达内心的欢愉之情，这便是原始乐器的雏形。至于人类社会究竟是从何时开始有了真正的音乐，现已无从考证了。

关于乐器的传说

1. 弦乐器起源的传说

墨丘利（Mercury）是希腊神话中诸神的使神。有一天他在尼罗河畔散步，无意中踩到一个东西，那东西发出了美妙的声音。他低头一看，原来是一个空龟壳内侧附有一条干枯的筋。于是墨丘利从中得到了启发，发明了弦乐器。后人考证弦乐器出现在墨丘利之前，但弦乐的发明有可能正是从龟壳枯筋得到了启发。

2. 管乐器起源的传说

在中国古代，距今5000年的黄帝时期，有一位叫做伶伦的音乐家，传说中他曾进入西方昆仑山内采竹为笛。当时恰有五只凤凰在空中飞鸣，他便合其音而定律。虽然这一传说并不完全可信，但把它作为管乐器起源的趣闻也未尝不可。

↑青铜雕像《墨丘利》

↓如今的打击乐支源于原始宗教。

西方音乐流派

1. 古典主义

古典主义的萌芽，发生在巴洛克时代的意大利。后来由于在维也纳出现了海顿、莫扎特和贝多芬三人，借此古典主义音乐便得以形成。因此，音乐方面的"古典乐派"实际上指的是"维也纳古典乐派"。古典主义艺术，首先发生在文艺领域中，它以恢复希腊、罗马的古典艺术为目的，注重形式上的匀称和协调，主要放眼于追求客观的美。

2. 浪漫主义

初期浪漫主义音乐与其他姊妹艺术一样，发自欧洲"启蒙时代"的思想同法国大革命有关的自由民主思想，比文学中的浪漫主义约晚数十年。贝多芬晚期作品已成为初期的浪漫主义的先驱，其后的作曲家们多可划分为浪漫派。从时代上来说，19世纪中叶是其全盛时期。

3. 印象主义

印象主义音乐产生于19世纪末，是受"象征主义文学"和"印象主义绘画"的影响而出现的一种音乐流派。这一流派的音乐家与此前的浪漫主义音乐家有很大区别，他们并不通过音乐来直接描绘实际生活中的图画，而更多的是描写那些图画给人们带来的感觉或印象，渲染出神秘朦胧、若隐若现的气氛和色调。

4. 电脑音乐

电脑音乐的出现大约是在20世纪80年代，至今也不过几十年的历史，但其发展之迅猛，是以往任何一种音乐制作形式所无法匹敌的，并且颠覆了前面几种流派的创作方法。

↑海顿在音乐艺术上的最大成就在于交响曲和弦乐四重奏的创作，这也是他影响后世最主要的两种音乐形式。

↑贝多芬是德国最伟大的音乐家之一，是西方古典音乐界中的恺撒。

←莫扎特和他的《安魂曲》

记谱法——让旋律得以流传

认识大发明

用各种记号、符号等把一首曲子的高低、长短、强弱等要素记录下来的方法称为记谱法。在历史发展过程中，由于乐曲的不同内容和需要产生了各种各样的记谱方法。如为古琴用的古琴谱，为锣鼓用的锣鼓谱，以及我们现在普遍应用的五线谱、简谱和曾在我国普遍应用的工尺谱等。

各种记谱法的诞生

记谱法对音乐的流传记载具有举足轻重的作用，如果没有记谱法，世界上许多著名的音乐作品就很难流传至今。

中国早在周代就有了文字谱记法，希腊也有过一种用字母作音符，点和线来标示节拍的记谱法，但已失传。欧洲最初的记谱法是在纸上记下上下符号，标在无伴奏的圣歌词上，表示旋律的起伏高低，以便僧侣们记忆。

类似于现代的记谱法产生于11世纪，是意大利音乐理论家圭多·达雷佐发明的，他用A至G七个字母，大写代表低音，小写代表高音，重复的小写字母（aa bb…gg）代表更高的音，形成了字母组。我们现在所用的音名大体起源于此。

9世纪，出现了一种以"点"、"钩"、"划"表示音的大概趋向和高低的记谱法。这种符号叫"纽姆"。先是记在一条线上，表示f音，根据符号落在线的上下就有了一个大概的音高标准，后来又加了一条c线。到了11世纪，圭多·达雷佐把线加到四根，音域为8度左右，使音高记谱更准确。以后由于多重唱、演奏的需要又出现了六线、七线谱，甚至十一线谱。直到16世纪，欧洲各国统一了五线谱，改变了横线太多所引起的复杂局面，过高或过低的音用加线来表示。以后又出现了适应不同音域、不同用途的高音、中音、低音谱表和记录多种乐器曲谱的大谱表、总谱表等，也都是建立在五线谱之上的。为了纪念五线谱的发明与诞生，人们把圭多·达雷佐称为"五线谱之父"。与其他记谱法相比，五线谱具备难以替代的优点：音高形象感强，容易区分高低音；和

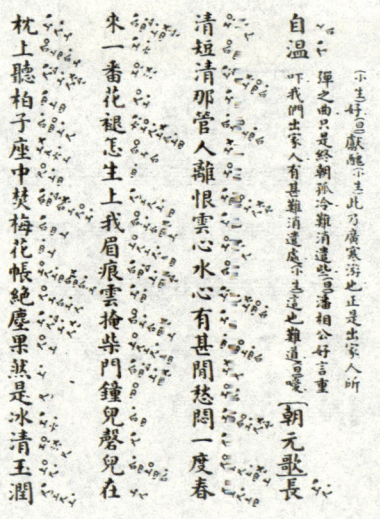
↑ 在没有外来记谱法对我国所用的古老记谱法——工尺谱

↓ 意大利音乐理论家圭多·达雷佐（左）发明了五线记谱法，被称为"五线谱之父"。

↓ 古老的五线谱

五声歌
（大众乐谱网制谱）

↑ 现在的五线谱

↑ 卢梭是法国杰出的思想家、文学家，启蒙运动最具民主倾向的代表人物。

声立体感强，能同时记录诸多声部及和弦；可记录音调复杂、声部繁多的大型音乐作品；旋律线条清晰，记谱科学适用。为此，五线谱已成为当今世界各国通用的、流行最广的记谱法，对音乐事业的繁荣与发展起着越来越重要的作用。

还有一种由英国音乐教育家葛洛威发明的记谱法，也叫唱名记谱法，唱名记谱法分别用哆、来、咪、发、嗦、啦、西来表示在音阶的音符。不论什么调子，主音总是"哆"，上面的一个音符是"来"，再上一个是"咪"，依次类推。唱名记谱法现在仍用作歌唱训练方法，也是学习传统乐谱的入门方法。这种方法发明于18世纪30年代。

数字记谱法也称简谱，是由7个阿拉伯数字构成的，发明人是法国教会教士苏埃蒂。1665年，苏埃蒂写了一本书，名叫《学习素歌和音乐的新方法》，公布了他所发明的数字简谱。稍后又由法国著名的思想家、教育家和文学家卢梭等加工完善，成为一种完整的记谱法。

这种记谱法后来由葛林、巴雷、谢威三人加以发展和完善，称为葛巴谢记谱法，简称谢氏记谱法。它是用阿拉伯数字1、2、3、4、5、6、7记录音的高低，在数字之后或下面加用横线表示长短。由于这种记谱法简单明了，故称之为"简谱"，属于文字乐谱。简谱的调式感强、简单易学、便于推广等特点，在我国流行很广。同时它又有着很多不足之处：音高的形象感差，缺乏多声部的立体感，尤其是不利于频繁转调旋律的音高把握。因此它逐渐跟不上人们对音乐日益发展的需求，已渐被五线谱所取代。正确的记谱法对创作和表演都十分重要，每个学音乐的人应该很好地掌握记谱法，特别是对学作曲的人来说，具有更为重要的意义。

各种记谱法虽然在其发展中不断地趋向完善，但到目前为止，世界上还没有一种记谱法能够完美无缺地记录音乐。如音高、力度、速度上的细微差异，许多装饰音的奏法等，都还需要演奏者凭其各自不同的理解来加以具体分析和处理。

第1章 文化与艺术 WENHUA YU YISHU

探索人类文明发展进程

小提琴——最优雅的乐器

认识大发明

小提琴是一种擦奏弦鸣乐器。它的发音近似人声，适于表现温柔、热烈、轻快、辉煌，甚至是最富于戏剧性的强烈感情。几个世纪以来，世界各国的著名作曲家谱写了大量的小提琴经典作品，小提琴演奏家在这种乐器上发挥出了精湛的演奏技巧。

小提琴的历史

小提琴的出现可远溯至1550年，至于何时成为有地位的乐器，则要追溯至1600年左右了，当时它第一次以标准的样式出现在意大利歌剧交响乐团里。到了1626年，法王路易十三在宫中组织交响乐团，小提琴的地位因而再次得到提升，自卢利（法国歌剧创始人）任职皇家管弦乐团以后，它的声誉更为卓著。

在早期，由于小提琴的弦太粗，而且架得太松，所以音调呆板而低微。在18~19世纪之间，小提琴的制作技巧得到了意大利小提琴学派奠基人科雷利及18世纪欧洲最著名的小提琴演奏家塔尔蒂尼等人的启发而大有改进。他们在协奏曲和奏鸣曲独奏时要求饱满、清晰而响亮的声调，因此改用较细的弦，而且把弦拉得较紧，以使演奏时能发挥得尽善尽美。

↑ 拉小提琴的帕格尼尼

↓ 塔尔蒂尼是18世纪意大利小提琴家，其著名代表作是小提琴奏鸣曲《魔鬼的颤音》。

→ 有着优美外形的小提琴

18世纪初期，已开始流行把小提琴架在颚下演奏，取代抵着胸部或锁骨的演奏法。18世纪中期，小提琴弓还不是现在这种弧度，而是向外拱起，适于演奏巴洛克时期作曲家的作品，更适合演奏巴赫的复调小提琴作品。到海顿、莫扎特时，音乐作品的旋律线条具有更大的起伏，音量上要求具有更有力的重音，小提琴的演奏技巧也随之而改变，从而产生了1785年法国人图尔特的现代小提琴弓的创制，在运弓上有了发展与提高。

↑小提琴上的阿玛蒂像

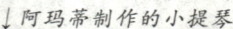

↓阿玛蒂制作的小提琴

18世纪末期,弓弦也有显著的改善,弹性较佳,长度宽度皆有增加。

在地中海沿岸各国,小提琴是浪漫抒情的象征,乐手在小餐馆桌旁用它来取悦年轻的情侣;同时,它也是跳舞时的良伴,几乎所有传统舞蹈均以小提琴伴奏。在中世纪的欧洲,常见吟唱诗人一边歌唱一边拉奏弦乐器。

小提琴经典曲目

被称为现代小提琴演奏之父的维奥蒂,是巴洛克时期过渡到古典主义时期体现小提琴艺术发展水平的代表人物。他把小提琴的歌唱性乐句和技巧性乐句结合在一起,并充分使用了E弦的音域。维奥蒂的《第二十二小提琴协奏曲》至今仍受到许多作曲家们的赞赏。

帕格尼尼是意大利学派处于衰落时期出现的新的浪漫主义先驱。他的《二十四首随想曲》一直是小提琴演奏技巧的范本。他所使用的新的旋律技法,大胆的转调,丰富的半音进行,尖锐的和声组合,有特点的节奏音型,多种速度变化,对以后的浪漫主义作曲家有很大影响。他的随想曲,被人们誉为"小提琴技巧的百科全书"。

小提琴制造业的发展

16世纪后期,意大利的小提琴制造业出现了两个著名的小提琴制作流派,一派是以阿玛蒂父子为代表的克雷莫纳制琴派,另一派是以萨洛的加斯帕罗和他的学生马吉尼为代表的布雷西亚制琴派。这两派制作的小提琴各有特长,历经百年,至今仍属上等珍品。

18世纪后,小提琴制造业的领先地位从意大利转至法国。这个时期小提琴的造型不断改进,已取得更大音量和更好的音质。法国制琴家吕波以斯特拉迪瓦里为典范,把法国的制琴技术和意大利的制琴技术结合在一起。与此同时,法国的图尔特约在1785年对琴弓的长度、重量、形状、装置等方面又进行了重大改革。小提琴在这个时期的发展,反映了海顿、莫扎特和贝多芬作品中具有的歌唱性,以及运弓方面的更大变化等对小提琴性能上提出的要求。

钢琴——乐器之王

认识大发明　钢琴是一种键盘乐器，用键拉动琴槌以敲打琴弦。钢琴因其独特的音响，88个琴键的全音域，历来受到作曲家的钟爱。

钢琴是一种高档的键盘乐器，最早出现于希腊，是在一种供音乐家审度音律或研究乐理的音乐工具的基础上发展起来的。

最初的钢琴只是一块木板上绷着几根丝弦，下边装有可移动的弦码，用以限定音律，后来，有人对这种工具进行了改进，大约在12世纪时发展成古钢琴。

1709年前后，意大利人克里斯托弗又对古钢琴进行改进，发明了可以击弦的小槌键装置。

1770年，德国的制琴师斯坦因发明了一种"棘轮装置"，用在古钢琴上，使击弦槌在击弦后可立即移开，让弦自由振动，产生平滑的音色，音域宽广，不刺耳。

不久，英国的布罗德·伍德父子公司又在钢琴上增加了一种使音域更宽广的机械装置，并创造了一种持续音踏板，使毡制的制音装置离开所有的琴弦，让弦自由振动。为了使钢琴中的机械装置能向一侧移动，他们还加装了柔音踏板，使敲弦机能单独地敲击某一根弦，而不是像原来那样敲击一对弦。

1811年，伦敦牛津大学的钢琴制造商把水平式的琴弦和敲弦装置改为竖式，制成了第一架立式钢琴。1830年以后，又不断有人对钢琴的构造、音调的强度、操纵的速度进行了改进，使钢琴不论是在品种上，还是在外形上都有了很大的发展。

钢琴名曲《月光曲》

《月光曲》原名《升C小调钢琴奏鸣曲》，又名《月光奏鸣曲》，创作于1801年，接近于贝多芬创作的成熟期。

在第一乐章中，叹息的主题融入了贝多芬忧郁的思绪。有人曾借助想象力解释了这个乐章说："第一乐章犹如月之初升，充满希望，但被浮云所掩，万影俱逝，令人悲从中来"。

↑ 钢琴几乎在所有的音乐形式中都扮演着重要的角色。

↓ 漂亮的三脚架钢琴

第二乐章是个小快板。作为过渡性乐章,音乐情绪趋于柔和温馨,像是回忆昔日的甜梦,也像憧憬未来的蓝图。乐章中的两个音乐主题仿佛是抚慰着创伤的心灵。舒缓的过渡乐章会使人产生平静的月夜之感受。不过,这皓月般的恬静不过是贝多芬汹涌的心海中的短暂的憩息。

第三乐章如潮涌来,猛狮般的贝多芬又跃现在急驰奔突的黑白琴键之上。如果说,第二乐章正如李斯特评论的那样:"它是两座悬崖中的一朵小花",那么,终曲乐章就是从万丈悬崖上狂泻直下的洪水。激动的快板速度使音符势如暴风骤雨,融进了愤懑、申诉与抗争。坎坷的际遇给以贝多芬的,不是叹息和屈从,而是搏击与争斗。这个乐章有两个对比性主题,前者由十六分音符的分解和弦构成向上冲击的乐句,显示了坚强有力;后者旋律优美,音调清丽,充满了对信念的憧憬与希冀。两个主题或交织、或对比、或发展、或重现,使作曲家的心境如大海,波涛汹涌,难以止息。

↑钢琴在19世纪西方文化中的重要性十分明显。

这首钢琴曲之所以被称为《月光曲》,是由于德国诗人路德维希·莱尔斯塔勃听了以后说:"听了这首作品的第一乐章,使我想起了瑞士的琉森湖,以及湖面上水波荡漾的皎洁月光。"以后,出版商根据这段话,加上了《月光曲》的标题,关于作曲家在月光下即兴演奏的种种传说便流行起来。其实触动贝多芬创作的不是皎洁如水的月光,而是贝多芬与朱丽叶塔·圭查蒂第一次恋爱失败后的痛苦心情。

对于这个作品的解释,也许俄国艺术批评家斯塔索夫的见解是比较合理的。他在回忆了李斯特在彼得堡的演奏后,认为这首奏鸣曲是一出完整的悲剧。第一乐章是冥想的柔情和有时充满阴暗预感的精神状态。他在听安东·鲁宾斯坦的演奏时也有类似的印象:"……从远处、远处,好像从望不见的灵魂深处忽然升起静穆的声音。有一些声音是忧郁的,充满了无限的愁思;另一些是沉思的,纷至沓来的回忆,阴暗的预兆……"

电声乐器——为音乐赋予更多的姿彩

认识大发明

电声乐器是通过电来产生声音的乐器。严格说来，它包括"电乐器"（electricmusic）和"电子乐器"两种，前者是具有活动结构的一种电动机械装置，而后者则完全由电路组成。

电声乐器的成长历程

1875年，美国的贝尔发现了声音和电波信号可以互相转换，并由此发明了电话。这就为电声乐器的诞生奠定了理论基础。1906年美国人德弗雷斯特发明了真空三极管。1916年电子振荡器诞生了，这又为电声乐器提供了得以实现的基础。

1920年，苏联科学家列夫·特雷门发明了世界上第一件电声乐器——以他自己的名字命名的"特雷门"（Theremin）。特雷门与其说是乐器，不如说是一种电声实验装置更准确，它最重要的部分是振荡器，连接振荡器的是两块类似天线、能反映导体的金属板：一块用于控制音高，一块用于控制音量。演奏该乐器的方法是以两手交替接近或移动这两块金属板。

1928年和1930年，法国科学家马瑞茨·马梯诺、德国人弗雷里茨·特洛特文先后发明了用键盘演奏的电声乐器。而汉蒙德于1935年发明的电风琴则是当时最成功的电声乐器，至今仍有使用。20世纪40年代末，在美国诞生世界上第一把电吉他。初期的电吉他及其他电乐器，大多仅是以麦克风来接收乐器的弦、共鸣器等的振动，并放大或转换为声音信号而已，它们是电乐器，而不是电子乐器。

电子乐器在1955年有了突破性的进展。这一年美国普林斯顿大学RCA实验室的奥尔森和贝拉研制出了世界上第一台电子合成器。

这台电子合成器使用了大量的真空电子管，采用了与早期电子计算机类似的孔带纸式的信息输入与控制设备，使用滤波器和调制器将振荡

↑电子钢琴为人们的生活增添了绚丽色彩和欢乐气氛。

↑电吉他已成为现在舞台上最常用的乐器。

↑苏联科学家列夫·特雷门和他发明的第一件电声乐器——"特雷门"

↑疯狂的歌手会随着音乐而起舞。

产生的信号任意改变成所需的声音加以输出。

这台合成器虽然体积庞大,所产生的乐声与传统乐器相比,失真度还比较高,但它开创了电子合成器的先河。

现代电子合成器采用了集成电路、信息处理器和数字处理技术。它几乎可以模拟任何一种乐器和任何一种声音,还可以创造出自然界和生活中所没有的声音;它不仅能够成为一种独奏的乐器,而且可以产生整个乐团合奏的效果,极大地丰富了人类的音乐语汇。

龙文小百科 电钢琴和电子钢琴

电钢琴是借敲击调好音的金属棒产生声音,然后转换成能的电波信号;电子钢琴除了键盘和控制钮外,没有其他活动的部件,它的声音是由电路产生,而不是以敲击金属棒产生的。

电钢琴在外形和产生声音的过程上与传统的钢琴相似,但其声音却与传统钢琴有很大差别;电子钢琴只保留了与传统钢琴相似的键盘,其产生声音的过程与传统的钢琴迥然不同,但却能产生与传统钢琴相似的声音。

↑现代摇滚乐和电子乐器联系紧密,歌手们往往也是电子乐演奏能手。

足球——世界"第一运动"

认识大发明

　　足球是球类运动的一种。球用皮制,内装橡皮胆,圆周68~71厘米,比赛用球重396~453克,气压49.0~58.8千帕。球场长90~120米,宽45~90米,两端中央装有球门。

足球的起源

　　足球运动是一项古老的体育活动,源远流长。据说,希腊人和罗马人在中世纪以前就已经从事一种足球游戏了。他们在一个长方形场地上,将球放在中间的白线上,用脚把球踢滚到对方场地上,当时称这种游戏为"哈巴斯托姆"。

　　到19世纪初,足球运动在当时欧洲及美洲一些国家特别是在资本主义的英国已经相当盛行。直到1848年,足球运动的第一个文字形式的规则《剑桥规则》才诞生,然而众多资料表明,中国古代足球的出现比欧洲更早,历史更为悠久。

　　我国古代足球称为"蹴鞠"或"踢鞠","蹴"和"踢"都是踢的意思,"鞠"是球名。"蹴鞠"一词最早记载在《史记·苏秦列传》里,汉代刘向在《别录》中、唐代颜师古在《汉书·枚乘传》中均有记载。

　　到了唐宋时期,"蹴鞠"活动已十分盛行,成为宫廷之中的高雅活动。1958年7月,国际足联时任主席阿维兰热博士来中国时曾表示:足球起源于中国。

　　当然,由于封建社会的局限,中国古代的"蹴鞠"活动最终没有发展成为以"公平竞争"为原则的现代足球运动。这个质的飞跃是在资本主义的英国完成的。

足球运动的推广

　　英国虽然不是足球运动的发源地,但却是把这项运动发扬光大的国家。初期的足球游戏并没有所谓球例、场地和人数的限制,所以经常出现粗暴或打斗的行为,因而往往被视为一种粗野的运动。

↑足球不仅是一项体育运动,同时也带动了经济的发展。

↑"蹴鞠"运动至明清逐渐衰弱,清末基本消失。

↑激烈的身体冲撞

↓进球后的拥抱

英皇爱德华二世甚至于1314年下令全国禁止足球运动，直至1603年，英皇詹姆斯一世才再度批准这项活动。1840年，足球运动被引进校园，但各院校采用的比赛方法却不尽相同，直到1848年，剑桥大学印行十条《剑桥大学足球规则》。自此，足球运动也开始在不同的阶层蓬勃发展起来。

1863年，英国足球总会正式成立，并开始出现足球联赛，足球运动也转趋职业化。第一届足球杯比赛在1871年举行。在随后的几年间，足球的规则及装备也因比赛不同而有所更改。

19世纪末至20世纪初，足球运动迅速发展至其他国家。究其原因，不免是拜商旅及英国的殖民地政策所赐。由于足球运动在世界各地迅速发展，国际足球协会于1904年成立，推广国际间对足球运动的兴趣。不过，直至1946年，英国才与爱尔兰、苏格兰及威尔士一同加入国际足协。

↓贝克汉姆无愧英格兰之王

↑守门员奋力扑球的动作

1908年，足球正式被列入奥林匹克运动会的比赛项目之中。国际足协于1930年主办第一届世界杯赛事，冠军最后由乌拉圭夺得。至于亚洲方面，韩国则是第一支亚洲队伍参加在1954年于巴西举行的世界杯赛事。一向积极推广足球运动的英国，则等到1966年才凭借主场之利，首次夺得世界杯冠军。

世界杯现在每4年举办一次，先经过一轮外围淘汰赛事，直至产生出最后的32强之后，才分组在主办国展开激战。

第1章 文化与艺术 WENHLA YU YISHU
探索人类文明发展进程

世界杯——足球的狂欢节

认识大发明

世界杯即国际足联世界杯，是世界上最高水平的足球赛事。它是由世界各洲进行选拔预选赛，优胜者经过小组赛、八分之一决赛、四分之一决赛、半决赛、总决赛，最后决出总冠军的一种世界足球运动。每四年举办一次。

世界杯的历史进程

从 1930 年在乌拉圭举行第一届世界杯到 2006 年在德国举办的第十九届世界杯已有 76 年。共产生 16 个世界冠军，分别被以下国家夺得：1930 年乌立圭、1934 年意大利、1938 年意大利、1942 年未举行、1946 年未举行、1950 年乌拉圭、1954 年德国、1958 年巴西、1962 年巴西、1966 年英国、1970 年巴西、1974 年德国、1978 年阿根廷、1982 年意大利、1986 年阿根廷、1990 年德国、1994 年巴西、1998 年法国、2002 年巴西、2006 年意大利。其中获得一次以上的国家有：巴西获得 5 次，意大利 4 次，德国 3 次，阿根廷 2 次，乌拉圭 2 次。

世界杯奖杯

世界杯赛的奖杯是 1928 年 FIFA 为得胜者特制的奖品，最初是由巴黎著名首饰技师弗列尔铸造的。其模特是希腊传说中的胜利女神尼凯，她身着古罗马束腰长袍，双臂伸直，手中捧一只大杯。1971 年 5 月，国际足联决定采用意大利人加扎尼亚的设计方案——两个力士双手高擎地球的设计方案。这个造型象征着体育的威力和规模。新杯定名为"国际足联世界杯"。1974 年第十届世界杯赛，西德队作为冠军第一次领取了新杯。这回，国际足联规定新杯为流动奖品，不论哪个队获得多少次冠军，也不能占有此杯。

↑2006 年德国世界杯意大利夺冠。

↓世界杯象征着世界上最高水平的足球赛事。

世界杯的重大意义

对全世界的足球迷来说，世界杯其实就是一场狂欢。可以在球场上，可以在电视机旁，可以在凌晨，也可以是在清早，更可以是在黄昏。无处不在的世界杯让人在球场沸腾的热浪下情不自禁地颤抖，球迷们会因为一个进球癫狂地狂呼，为一次错失良机而揪心。世界杯永远是难以褪色的狂欢节。

世界杯足球赛，早已超越了纯粹的竞技体育运动功能，它已经与国家、民族、和平、民主、自由、政治、经济、文化、社会生活等方方面面的问题紧密地联系在一起。

031

篮球——时下越发火热的运动项目

篮球是球类运动的一种。球用皮制，内装橡皮胆，圆周75~80厘米，重600~650克。球场长28米，宽15米，两端中央设有球架，在遮板上装有铁圈，上沿离地3.05米，圈上挂线网作球篮。

最初的篮球比赛

篮球是1891年由美国马萨诸塞州斯普林菲尔德市基督教青年会训练学校（后为春田学院）的体育教师詹姆斯·奈史密斯博士发明的。起初，他将两只桃篮分别钉在健身房内看台的栏杆上，桃篮上沿距离地面3.04米，用足球作比赛工具，向篮内投掷。投球入篮得1分，按得分多少决定胜负。每次投球进篮后，要爬梯子将球取出再重新开始比赛。以后逐步将竹篮改为活底的铁篮，再改为铁圈下面挂网。

最初的篮球比赛，对上场人数、场地大小、比赛时间均无严格限制。只要求双方参加比赛的人数必须相等。比赛开始，双方队员分别站在两端线外，裁判员鸣哨并将球掷向球场中间，双方跑向场内抢球，开始比赛。首先达到预定分数者为胜。

规则不断完善的篮球比赛

1892年，奈史密斯制定了13条比赛规则。主要规定是不准持球跑，不准有粗野动作，不准用拳击球，否则即判犯规，连续3次犯规判负1分；比赛时间规定为上、下半时，各15分钟。上场比赛人数逐步缩减为每队10人、9人、7人，1893年定为每队上场5人。

1904年在第三届奥林匹克运动会上第一次进行了篮球表演赛。1908年美国制定了全国统一的篮球规则，并有文字出版，发行于全世界。这样，篮球运动逐渐传遍美洲、欧洲和亚洲，成为世界性的运动项目。

1936年第十一届奥运会将男子篮球列为正式比赛项目，并统一了世界篮球竞赛规则。此后，到1948年的10多年间，规则曾多次修改，与现行规则有关的重要变化是，将得分后的中圈跳球，改为失分队在后场端线外掷界外球继续比赛；进攻队必须在10秒钟内把球推进到前场；球进前场后不得再回后场；进攻队员不得在"限制区"内停留3秒钟；投篮队员被侵犯时，投中罚球1次，投不中罚球2次等。

↑篮球如今已是全球性的体育项目。

↓深受全世界人们喜爱的NBA篮球赛

1952 年和 1956 年第十五、十六两届奥运会的篮球比赛中，出现了多名 2 米以上的运动员。国际业余篮球联合会曾两次扩大篮球场地的"限制区"（也叫"3 分区"）；还规定，一个队控制球后，必须在 24 秒内投篮出手。

20 世纪 60 年代初有关 10 秒和球回后场的规定，一度因 1960 年第十七届奥运会后取消了中场线改画边线的中点而中止。

1964 年第十八届奥运会后，又恢复了中场线，这些规定又继续执行。1977 年增加了每队满 10 次犯规后，在防守犯规时罚球两次，防投篮时犯规两罚有 1 次不中再加罚 1 次的规定。1981 年又将 10 次犯规后罚球的规定缩减到 8 次。很明显，人员变化的技术，战术的发展引起了规则的改变，而规则的改变又促进了人员和技术、战术的进一步发展变化。

特别是 20 世纪 50 年代后期以来，规则的改变对篮球比赛的攻守速度，对运动员的身体、技术、战术以及意志、作风等各方面都不断提出新的更高的要求，促进了篮球技术水平的迅速提高。

↑飞人乔丹在 NBA 赛中的精彩瞬间

→ 乔丹是一位德才兼备的球星，图为他与我国运动员姚明共同出现在 NBA 全明星赛的球场上。

龙文小百科 伟大的"篮球之神"飞人乔丹对篮球难以割舍的情怀

乔丹在 1984 年 NBA 选秀大会第一轮被芝加哥公牛队选中，1991—1993 年率公牛队完成 NBA 总冠军"三连冠"霸业。随后宣布退休，转而投身美国职业棒球联赛，加盟芝加哥白袜队。

但篮球天才并非放之四海而皆准。棒球生涯受挫的乔丹于 1995 年 3 月 19 日重返 NBA，第一场比赛对印第安纳步行者队，得了 19 分，抢得 6 个篮板球，6 次助攻和 3 次抢断。之后 1996—1998 年带领公牛队 3 次夺得 NBA 总冠军。1999 年 1 月 13 日，乔丹宣布正式退役，他的 23 号球衣也在联合中心体育馆永久退役。2000 年 1 月 19 日开始担任华盛顿奇才队执行总裁。

2001 年 10 月 31 日，在新赛季 NBA 揭幕战中，乔丹第二次正式复出。

桥——跨水行空的道路

认识大发明

桥是一种架空的人造通道,由上部结构和下部结构两部分组成。上部结构包括桥身和桥面,下部结构包括桥墩、桥台和基础。桥是道路的重要组成部分。

桥梁的演变史

在漫长的岁月中,人类积累了丰富的造桥实践经验,创造了多种多样的形式。现在使用的各种主要桥式几乎都能在古代找到起源。在最基本的三种桥式中,梁式桥起源于模仿倒伏于溪沟上的树木而建成的独木桥,由此演变为木梁桥、石梁桥,直到19世纪的桁架梁桥;悬索桥起源于模仿天然生长的跨越深沟而可用于攀援的藤条而建成的竹索桥,后演变为铁索桥、柔式悬索桥,直至有加劲梁的悬索桥;拱桥起源于模仿石灰岩溶洞所形成的"天生桥"而建成的石拱桥道,演变为木拱桥和铸铁拱桥、纵横交错于城市内的立交桥。

↑高耸的金门大桥格外壮观

龙文小百科　金门大桥

美国旧金山金门大桥于1933年1月始建,1937年5月首次通车,耗资达3550万美元,是世界上最大的单孔吊桥之一。金门大桥全长达2000米,从海面到桥中心部的高度约60米。桥两端有两座高达227米的塔。金门大桥橘黄色的桥梁两端矗立着钢柱,用粗钢索相连,钢索中点下垂,几乎接近桥身,钢索和桥身用一根根细钢绳连接起来。整座金门大桥显得朴实无华而又雄伟壮观。

桥梁的种类

桥梁伴随着人类生活在不断演变,不断进步。到了今天,我们所知的桥梁的种类有:木桥、石桥、砖桥、竹桥、盐桥、冰桥、藤桥、铁桥、苇桥、石柱桥、石墩桥、漫水桥、伸臂式桥、廊桥、风雨桥、竹板桥、石板桥、开合式桥、溜索桥、三边形拱桥、尖拱桥、圆拱桥、连拱桥、实腹拱桥、坦拱桥、陡拱桥、虹桥、渠道桥、曲桥、纤道桥、十字桥,以及栈道、飞阁、立交桥等。

桥梁的重大意义

建桥最主要的目的,就是为了解决跨水或者越谷的交通,以便于运输工具或行人在桥上畅通无阻。若从其最早或者最主要的功用来说,桥应该是专指跨水行空的道路。而到了近代,桥作为疏导交通的工具,在各个城市中起到了至关重要的作用,从而加快了人们的生活节奏。

冬日里的赵州桥

地图——将世界浓缩于方寸之间

认识大发明

地图是运用数学法则和符号系统并经过制图综合，将地表自然地理和社会经济等各类信息表现在一定载体上的图形。

地图的起源

地图的起源很早，几乎与人类文化具有同样悠久的历史。最原始的地图已无从考察，但从巴比伦和埃及发现的一些刻在陶片上的，约4000年前的不完整遗物中可以看出，那是保存至今最古老的地图。尽管它们的内容和表示方法较为简单，但形式上已反映出原始地图的产生与人类的生产和生活有着密不可分的联系。

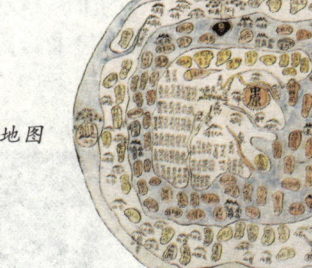

→ 中国早期地图

↑ 彼利·雷斯地图，于1513年绘于瞪羚皮上。彼利·雷斯是著名的土耳其舰队司令，对绘图法有强烈兴趣。他绘制的地图像拼缝起来的被子：是几张地图的大杂烩，包括1428年世界地图。

中国历史中记载的《山海图》已有2500年了，据说是铸造在钟鼎上，是用来指引狩猎的人们不致迷路而用的。

地图的发展

14世纪后，欧洲资本主义的兴起，以及我国的指南针、造纸、印刷术等技术的西传，推动了地理探险者的大发现。到了16世纪地图已能较为正确地反映各大陆轮廓的实际情况。

随着社会经济发展的需要和自然科学各领域的深入发展，探索考察任务已不仅仅是地形测绘，还要对各种自然和社会现象进行考察制图。

人类的活动也不只局限于陆地，逐渐向海洋和空中发展。航空摄影、卫星遥感、电子计算机等新技术的相继开拓，使得地图的图形无论在理论上还是在工艺手段上都发生了巨大变化。

现代技术的不断涌现为地图的发展创造了条件，使绘制地图的节奏加快，品种增多，并制造了天体以外的地图。

电影——让世界在胶片上流淌

认识大发明

用电影摄影机以每秒摄取若干格画幅的运转速度,将被摄取的运动过程拍摄在条状胶片上,成为许多格动作逐渐变化的画面,然后经过一定的工艺过程,制成可以放映的影片。

↑在1895年12月28日首次放映电影的卢米埃尔兄弟

电影的发明

有两个英国人为马奔跑时蹄子是否会四蹄腾空而争执不休,最后用打赌来解决。他们先请驯马师做裁决,但驯马师也难以断定。而驯马师的好友——英国摄影师麦布里奇得知此事后在跑道一边安置了24架照相机,排成一行,相机镜头对准跑道。在跑道另一边打了24个木桩,每根木桩系一根细绳,绳横穿跑道,分别系于对面相机的快门。让马从跑道上飞奔而过,便依次把24根引线绊断,这些相机依次拍下24张照片。麦布里奇把这些照片依次再剪接起来,因每相邻的两张照片差别很小,它们组成一条连贯照片带。经分析:马在奔跑时总有一蹄着地,不会四蹄腾空。

↑利用视觉的似动现象,同步的摄影和放映,使我们从银幕中感受到真实的生活。

从19世纪初开始,"电影"的发明进入了探索和实验阶段。1825年,英国人费东和派里斯博士发明了"幻盘",1832年,比利时的约瑟夫和奥地利的斯丹普弗尔同时发明了"诡盘",1834年,英国人霍尔纳发明了"走马盘"。接着,1839年摄影技术发明,1840年又发明了缩短曝光技术,摄影技术有了突破。到了1877年,法国人雷诺制造了"活动视镜",进而在1888年创造了他的"光学影戏机",类似现代的动画片技术。

1882年,法国生理学家马莱发明了"摄影枪"后,解决了连续摄影的问题。几乎在同一时间,美国的爱迪生创造了每格凿有四组小孔的35毫米影片,并发明了"白热灯",同时,他采用了马莱连续摄影的方法制成了"电影视镜"。这是一个可存放 50 英尺影片的大柜子，影片首尾连接成片环，用马达驱动后循环放映。里面装有放大镜，人凑在窥视孔上就能看到放大了的影片画面。中国人称为"西洋镜"。

爱迪生的"电影视镜"传入法国后，立刻被路易·卢米埃尔和奥古斯特·卢米埃尔兄弟俩采用，并进行改造，采用了马尔蒂的十字轮结构后，解决了影片间歇运动的问题，终于在 1894 年年底研制成了第一台比较完美的电影放映机，并成功地把图像投射到银幕上，解决了多人观看的问题。

路易·卢米埃尔兄弟在 1895 年 12 月 28 日，在巴黎卡普辛路 14 号大街咖啡馆的"印度沙龙"内，用"活动电影机"将自己拍摄的胶片放映至银幕上，观众在黑暗中看到白布上的逼真画面，这就是世界上第一部真正的电影。后来，国际电影界根据这一史实一致公认将 1895 年 12 月 28 日作为世界电影的发明日。也就是说：活动影像的摄取和放映在技术上最终成为可能。电影正式诞生了。

↑ 爱迪生和他的"电影视镜"，"电影视镜"的特点是仅能供一个人观赏。

电影的放映原理及分类

电影最重要的原理是"视觉暂留"。科学实验证明，人眼在某个视像消失后，仍可使该物像在视网膜上滞留 0.1～0.4 秒左右。电影胶片以每秒 24 格画面匀速转动，一系列静态画面就会因视觉暂留作用而造成一种连续的视觉印象，产生逼真的动感。

从电影内容来区别它可分为系列片、喜剧片、西部片、音乐片、译制片、间谍片、灾难片、科幻片、战争片、侦探片、新闻纪录片、科学教育片。从声色的历史来说分为无声电影、有声电影、黑白电影、彩色电影。

电影的重大意义

电影是艺术中的一朵奇葩，它是一门综合艺术，具有强大的生命力，惊人的表现力，无法抗拒的感染力。它不仅有着记录的作用，更有深刻的教育意义，是现代最普遍的一种艺术方式。

↑《雨中曲》电影海报。此片不但是音乐歌舞电影的杰作，也是一部介绍好莱坞影坛从默片时代转变为有声片时代的许多上厂趣闻的佳作。

电子游戏——如今的"电子海洛因"

认识大发明

电子游戏是利用操作装置通过中央处理器调用存储器中的游戏程序显示出图像和声音的电子游戏机来进行的游戏。

↑布什内尔和他发明的接乒乓球的游戏机

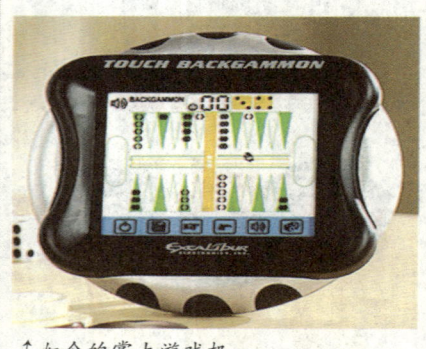
↑如今的掌上游戏机

↓由于电子游戏种类日益广泛，沉迷于此的人越来越多。

电子游戏机的出现

世界上的第一款电子游戏大约在30年以前发明，它是由加利福尼亚的一名年轻的电脑专家诺兰·布什内尔设计的，名为"计算机空间"。布什内尔先是用电脑创作了两个宇宙飞船的电视图像，然后又设计出游戏程序，让玩游戏的人按动控制盒的电钮，指挥宇宙飞船的行动并发射炮弹。

布什内尔对自己设计的游戏非常感兴趣，接下来他花费了很长时间研制出一个名叫PONG的接乒乓球的游戏机，并将其放置在一家酒吧里，想看看人们对他的发明的反应，于是就出现了下面的情节：

1972年的一个清晨，25岁的布什内尔被酒吧老板的电话铃声惊醒，酒吧老板告诉他，他前两天放在酒吧里的投币游戏机出现了故障。为了尽快解决问题，布什内尔匆匆穿上衣服赶到那家酒吧。他从口袋中取出一枚硬币想试试看，但无论怎样也塞不进去。当他将游戏机拆开来看时，事实让他大吃一惊，原来是人们投入机器的硬币过多，已经将机器塞得满满的了。这个名叫PONG的游戏竟然如此受人欢迎，大大出乎所有人包括它的设计者的意料。在电子游戏的历史上，布什内尔这一瞬间惊喜的表情被永久定格，它意味着一个崭新的电子娱乐时代来临了。

"电子海洛因"

从很多电子游戏商对自己产品的宣传中，人们能够看见电子游戏对人的有益之处。比如可以训练灵活的操作能力，培养人的敏捷反应能力，提高应变能力，增强记忆力等。在最初的时候也确实如此，然而随着电子游戏的种类不断增多，内容日益广泛，沉迷于电子游戏的人也越来越多，这种不断带给人新奇感受的娱乐悄悄地将它丑陋的一面暴露了出来。在身体上给人造成视力快速下降，身体多处部位受到损伤，神经中枢失调等。

据专家分析，青少年在无节制地玩游戏之后很容易产生幻觉，因疲劳而导致注意力下降，反应能力不但不会增强，反而还会在很大程度上有所下降。他们会产生愈来愈强烈的心理依赖和反复操作的渴望，这一点与毒品有极大的相似之处。"电子海洛因"便由此得名。

美国爱荷华州立科技大学发布的最新研究报告称，暴力倾向严重的电子游戏会使人变得更加富于攻击性，这对青少年的健康成长极为不利。

2001年4月22日，美国哥伦拜恩校园枪杀案中被害教师的家属将包括任天堂美国公司、世嘉美国公司的电子游戏业告上法庭，他们要求法院下令禁止游戏商向17岁以下的少年出售暴力游戏。

↑↓ 时下流行的电子游戏《魔兽世界》

在震惊全球的9·11事件之后，英国的天空新闻台发表了一篇题为《恐怖分子可能曾接受电子游戏之训练》的报道。在报道中，他们认为，恐怖分子可能使用过类似《微软飞行模拟器》之类的游戏作为训练工具。

布什内尔一定做梦也没想过，他辛辛苦苦设计出来的游戏竟然会演变成今天这个样子，会给孩子们带来如此恶劣的影响。究竟是什么原因使得最初的那一个小小的乒乓球游戏变成了今天危害世界的"电子海洛因"的呢？

将电子游戏变成海洛因的罪魁祸首是那些为了赚钱而不计后果的游戏开发商们。他们不断设计出具有刺激性的画面以及能引起人们内心征服欲望的游戏情节，以此来使自己的产品更有卖点。有时，他们甚至会为了迎合极少数成年人的喜好在游戏中加入色情内容。这一切都对缺乏社会经验、心理稚嫩的青少年构成了极坏的影响。

← 封神题材的网络游戏——《神将》

酿酒技术——让世界陶醉

认识大发明 用粮食、水果等含淀粉或糖的物质经过酒精发酵制成含乙醇的饮料的一种方法。

中国酿酒术的发明之说

饮酒之风在我国流行了数千年。那么，酿酒术最早是谁发明的呢？一说是仪狄发明的。《吕氏春秋》和《战国策·魏策二》说，大约在夏禹时代，有一个叫仪狄的人制成美酒，进献给大禹，禹饮后觉其味甘，感叹道："后世必有以酒亡其国者。"于是，就疏远仪狄，从此断绝饮酒。

《孟子》中也有"禹恶旨酒"的记载。可见，夏禹时代已有酿酒术。一说杜康或少康最早制成酒。不过据有关资料记载，我国在黄帝时期就已出现了酒。

↑杜康仙庄内的酒杯泉

国外古老的酿酒术

约在公元前 6000 年，美索不达米亚地区就已出现雕刻着啤酒制作方法的黏土板。公元前 4000 年，美索不达米亚地区已能用大麦、小麦、蜂蜜等制作 16 种啤酒。公元前 3000 年，该地区已开始用苦味剂酿造啤酒。直到公元前 4600 多年，美索不达米亚地区才开始种植葡萄并用以酿酒。

中国古代酿酒史

↓杜康酿酒塑像

在 3200 年前，我国人民发明了曲蘖，而且可以熟练地用它酿酒，为我国后来独特的酿酒方法——酒曲法和固态发酵法奠定了基础。

到商周，酿酒业已具有相当规模，国家出现专门执掌酒业的官员酒正、酒人、浆水等。汉代发现多种制酒用的酒曲，西晋制出可治病的药酒。这些酒都不是烈性酒，有用谷物酿制的米酒，有用果品制作的果酒。烈性白酒大概出现在宋金时代，通常酒精含量在 40 度以上。

古代西方用麦芽酿成啤酒，直到今天，威士忌、伏特加酒仍用麦芽糖化，再加入酵母进行酒精发酵制成。19 世纪末，欧洲人研究了我国的酒曲，才知道我国的这种独特的方法，称之为"淀粉发酵法"。

酒的文化内涵

中华民族在 9000 年前就掌握了酿酒术,酒既可作饮料,又可活血、养气、暖胃、驱寒,中医素有"医源于酒"之说。

酒自产生以来,便是情感和文化的重要载体。李白诗句曰:"天若不爱酒,酒星不在天。"欧洲宗教改革的领袖马丁·路德曾说,"谁不爱美酒、女人和歌,谁就枉来一生。"

↑ 罗马神话中的酒神巴克斯,他是葡萄与葡萄酒之神,也是狂欢与放荡之神。

→ 马丁·路德是 16 世纪欧洲宗教改革倡导者和新教路德宗创始人。

酒渗透到了人们社会生活的每个角落。喝酒,已作为文化传统的一部分,深深地积淀在民族性格之中。我们现在讨论酒文化的意义很大,简单说就是探讨民族或人类文明中的一个部分。

酒是人们表达情感,寄托理想,增进友谊,扩大交往,维持心理平衡,调节人际关系不可缺少的润滑剂。

饮酒的危害

长期过量饮酒,对人的胃肠、心脏、肝脏、肾脏等都会产生不良的影响,容易导致一些疾病的发生,最常见的有:慢性胃炎、中毒性肝炎、心肌肥大、尿路结石、痛风性关节炎、急性胰腺炎等。

酒精会在不知不觉中悄悄损害饮酒者的脑细胞、微血管,使人感觉迟钝、注意力不集中、情绪变化无常,影响人的思维和注意力,到了一定程度就可能出现脑萎缩、脑缺血、脑动脉硬化、老年性痴呆。

↑ 过量饮酒、长期饮酒对人的生理功能有损害。

丝绸——生活变得柔滑而高贵

认识大发明

所谓丝绸是指由蚕丝或蚕丝与其他纤维交织而成的织物。穿着舒适柔软，对滋养和保护皮肤有相当重要的作用。全球约4/5的丝绸产自中国。绚丽多姿的中国丝绸，自古以来饮誉世界。

古老的丝绸起源

关于丝绸的起源，我国古代史籍中流传着不少神话传说。中国丝绸，源远流长，至少在距今5000年的新石器时代，我国长江流域和黄河流域已出现了丝绸的"曙光"。

根据考古发现推测，浙江湖州钱三漾出土的绢片距今4750年，为长江流域出土最早、最完整的丝织品；河南荥阳青台村出土的罗织物距今5630年，是黄河流域发现最早的丝织品；浙江余姚河姆渡出土的原始织机是我国新石器时代使用纺织技术上的重要成就之一。

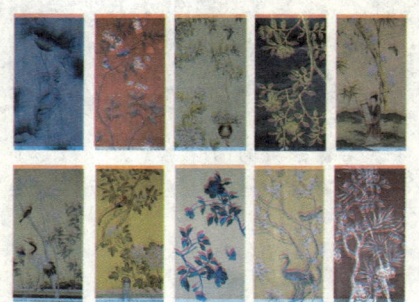

↑花纹美丽、质地精良的丝绸织品

精美的中国丝绸

中国古代丝绸品种丰富多彩。帛、缦、绨是没有花纹的普通丝织品；缟、纨、纱、罗是细薄的丝织品；绮是有花纹和图案的丝织品；绫是以斜纹组织变化起花的丝织品；织锦和缂丝是多彩织花的高级丝织艺术品。

丝绸用处很广，它可以用来做衣料，也可以用来装裱书画，还可以作为礼品，赠送给尊贵的朋友。

自从2000多年前汉朝著名的外交家张骞打通了"丝绸之路"，华美的中国丝绸就开始源源不断地输往西亚和欧洲各国。西方人民十分喜爱中国丝绸。

据说在1世纪时，一位古罗马皇帝曾穿着中国的丝绸袍去看戏，顿时轰动了整个剧场。从此，人们都希望能穿上中国的丝绸衣服，中国也因此被称为"丝国"。

↑古西陵山是祭祀轩辕黄帝正妃西陵氏之女嫘祖的圣地。

↑张骞出使西域图

中国几千年的丝绸业

专家们根据考古学的发现推测，在距今五六千年的新石器时代中期，中国便开始了养蚕、取丝、织绸了。到了商代，丝绸生产已经初具规模，具有较高的工艺水平，有了复杂的织机和织造手艺。

在西周及春秋战国时期，几乎所有的地方都能生产丝绸，丝绸的花色品种也丰富起来，主要分为绢、绮、锦三大类。锦的出现是中国丝绸史上的一个重要的里程碑，它把蚕丝的优秀性能和美术结合起来。

唐朝是丝绸生产的鼎盛时期，无论产量、质量和品种都达到了前所未有的水平。丝绸的生产组织分为宫廷手工业、农村副业和独立手工业三种，规模较前代大大扩充了。同时，丝绸的对外贸易也得到巨大的发展，不但"丝绸之路"的通道增加到了三条，而且贸易的频繁程度也空前高涨。丝绸的生产和贸易为唐代的繁荣做出了巨大的贡献。

↑ 中国丝绸是印度妇女的最爱，她们的纱丽就是用丝绸做的。

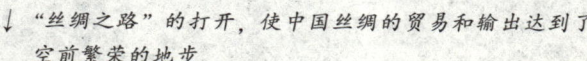

→ 美丽的丝绸织品是由这小小的蚕虫吐丝而来的。

↓ "丝绸之路"的打开，使中国丝绸的贸易和输出达到了空前繁荣的地步。

宋元明清后，由于资本主义的萌芽与发展，中国丝绸业在苛捐杂税和洋绸倾销的双重打击下，陷入了十分可悲的境地。直至中华人民共和国成立后，丝绸业进入了一个新的历史时期。经过多年的努力，中国又争得了在世界丝绸市场上的主导地位，丝绸业成为国家的创汇支柱产业之一。

第2章 生活与医学

火的使用是人类在发展史上迈出的最辉煌的一步,最终使人类从动物世界里划分出来,走上了人类历史的光明舞台。

科技每迈出一步就使人类的生活质量发生一定的改变。从人类第一次燃起火把到宇宙飞船把人类的足迹送上浩瀚太空,这不能不说是一个奇迹;从人类听天由命的生老病死到挑战上帝的克隆技术,这又是人类何等的骄傲。

可惜人类前进的脚步所踏起的尘埃,同样也是厚重的,它给我们的生产、生活蒙上了一层悲痛的阴影。

火种——让世界变得温暖而充满希望

认识大发明

火种属于火范畴的事物，是供引火用的火。同时火种可延伸为起模范作用的个人或集体。

火种的传说

在希腊神话传说中，普罗米修斯是泰坦巨人之一。他设法窃走了天火，偷偷把它带给人类。宙斯对他这种肆无忌惮的违抗行为大发雷霆。他令其他的山神把普罗米修斯用锁链缚在高加索山脉的一块岩石上。饥饿的老鹰天天来啄食他的肝脏，而他的肝脏又总是重新长出来。他的痛苦要持续3万年，可是他坚定地面对苦难，从来不在宙斯面前丧失勇气。

在由猿变成人的初期，原始人群过着群居群婚的生活，人们生吃食物，茹毛饮血，经常生病。后来，因雷电起火，森林中的禽兽被烧死后吃起来比生食更加美味，而且火不仅可以御寒照明，还可用于防止野兽的侵袭，于是人们就把火种保存起来。但每当遇到洪水、大风和阴雨的天气，保存的火种就会熄灭，人们又将处于寒冷状态，于是人类开始寻找新的火源。就这样，人们经过长期的经验积累，探索出了用人工取火的办法，这种办法就是"钻木取火"，据说是由中国的燧人氏发明的。

↑ 被宙斯缚在高加索山脉岩石上的普罗米修斯

↓ 智人已懂得如何使用火来生活。

火种的划时代意义

火的使用，对人类的发展具有十分重大的意义。有了火，才有了刀耕火种和随后的农牧业；有了火，才有了制陶业和青铜冶炼，乃至今天的工业和人类现代文明。火是一种客观存在的实际力量，也是一种精神力量。可以说，发明人工取火具有划时代的历史意义，它是人类文明史上的一项巨大贡献，是人类从动物界分划出来后走向自身发展道路的关键。

火带给人们灾难

火使人类步入了文明，但它并不是百利而无一害，每年世界上因火灾造成的损失不计其数。2002年12月14日下午，德国汉诺威北部的大众载重汽车公司西北部综合大楼仓库冒烟，后来发展成大众载重汽车厂发展史上最大的一场火灾，持续了19个小时，总计直接损失5000万欧元。

火柴——最实用和廉价的取火工具

认识大发明

火柴是目前各国应用最普遍、最便宜的取火工具,它为人类取火做出了不朽的贡献。

最早的火柴

据史料介绍,世界上第一根火柴是法国化学家钱斯尔发明的硫酸火柴。那根火柴又粗又长,棒的一端涂有氯酸钾、蔗糖和树胶,使用时将它与浓硫酸接触即可燃烧。这种方法比用火石火刀撞击要方便得多,当时人们称之为"盗火神"。可是这种火柴的价格昂贵,而且浓硫酸有很强的腐蚀性,常造成一些事故。

其实,火柴的类似物在我国11世纪初就有人试制过。北宋初年,民间用沾有硫磺的杉条摩擦引火,人们称它为"发烛"。但它和"盗火神"一样,也不是人类理想的引火工具。而火柴的真正问世,当属磷头火柴的使用。

磷的出现与火柴的发展

1669年,德国炼金术士布朗特在汉堡冶炼各种金属,企图从中炼出黄金。一天,他在"点石成金"的试验里,把白砂和小便放在曲颈瓶中加热,当火烧得很旺时,突然从瓶里冒出一股白烟,凝结成一团白蜡样的东西。这团东西在黑暗中会闪闪发光,涂在墙壁上会留下光亮的痕迹,一遇到空气就会自燃起来。布朗特把这种"怪物"取名磷,意即发光体。随后他将磷的秘密高价卖给了一富商。

1677年,该富商将磷带到英国,遇到著名科学家波义耳。波义耳经过研究,掌握了制磷的技术,并开始了制造火柴的试验。1680年,他终于制出原始火柴——取火棒,即在木质细棒的一端涂上硫磺,在粗纸上涂有磷,取火时将细棒在纸上摩擦,就会点燃细棒。但是当时制磷成本很高,未能推广使用。

1775年,瑞典化学家舍勒用硫酸与锻烧过的骨骼一起加热的方法成功地提取了磷。

10年后,欧洲市场上出现了"磷头小烛":一根涂有蜡质的灯芯,一端附上一小块白磷,密封在一支小玻璃管里。使用时只需打开玻璃管,白磷就使"小烛"燃烧起来。

↑样式繁多的火柴

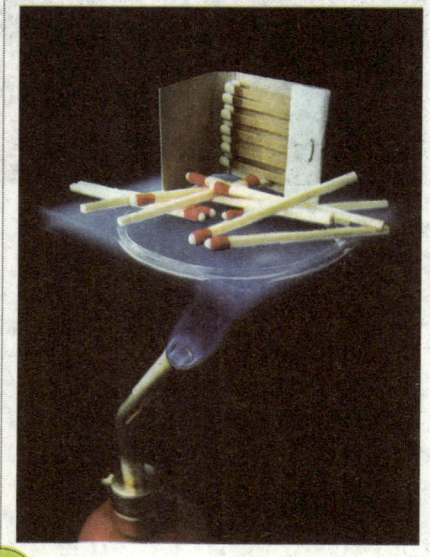

↓火柴的出现令人们的生活变得更方便。

又过了40年，巴黎建立了世界上第一家工业性的白磷制造厂。

1827年，英国化学家约翰·华克试制一种猎枪上用的发火药时，无意中制成了世界上最早的摩擦火柴。这种白磷火柴被称为"有毒火柴"，使用不安全，不久就遭到各国禁用。后来法国人塞芬和卡亨二人又改进了配方，用三硫化四磷代替白磷作发火剂，这就是后来人们所说的"无毒火柴"。然而这种火柴在粗糙固体表面摩擦时能起火，甚至放进衣袋里稍作摩擦也会自燃，还是不够安全。

↑↓各种颜色的火柴头

1845年，德国人施罗脱将白磷隔绝空气加热到250℃制成了红磷。从此，人们开始用红磷制火柴，最初是由瑞典制造的，故又称为瑞典火柴。其发火剂是把红磷和细砂做成胶糊涂在火柴盒边上，火柴的药糊调成胶糊状沾在浸过石蜡的木棒上。使用时火柴头和盒边的红磷相摩擦，红磷局部变为白磷引起燃烧，这种火柴不仅无毒，而且必须在涂有红磷的特制火柴盒上摩擦才会着火，这就是沿用至今的"安全火柴"。

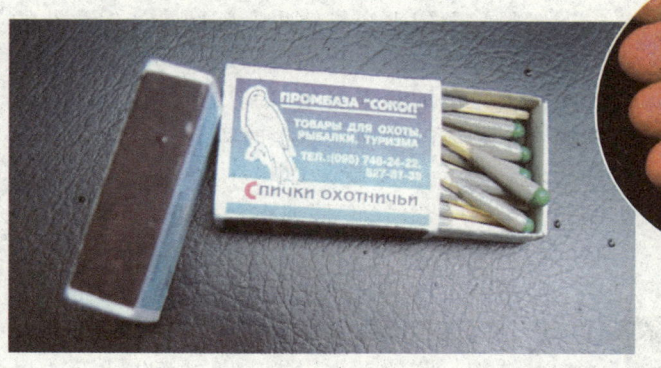
↑最常见的火柴大多是红色的火柴头。

↑这是一种可以防水的火柴。

1879年，华裔卫省轩在广州创办了我国第一家火柴厂，不过当时由于产品数量少，价钱高，很少有人买得起。1880年，瑞典人在上海开了一家瑞典瑞商洋行，生产和经营火柴。全套机器设备都是瑞典的，甚至连火柴盒上的商标也是国外印刷的，他们利用产品价格低廉的特点，在我国市场上获取了巨大利润，扼杀了我国正欲兴起的火柴工业。

打火机——更加便捷和时尚的取火工具

打火机是一种主要用于点燃香烟的发火器具。有汽油打火机、气体打火机、电子打火机等。

打火机的诞生

当世界上第一支手枪问世不久，第一只早期的打火机也就出现了，因为这种打火机就是用手枪改成的，叫火绒手枪。这种打火机还长期被作为身份的象征和办公室的摆设。

18世纪，出现了用绳点火的打火机，之后的是磷和煤油或者蜡的打火机，以及砂轮和火绳及汽油打火机。

1854年爆发的克里米亚战争使卷烟工业迅速发展，而在此之前，只有东欧和巴尔干人抽卷烟，而西欧则以嚼烟、烟斗为主。打仗的时候，东欧人可以利用战斗间隙抽上几口，而他们的对手刚装上一烟袋锅就听到开拔的号声。

抽烟变得越来越方便，打火机也发展到由打火轮引燃火绳，再用火绳点着汽油的方式了。这期间，由于磷的发现，火柴也问世了，很多打火机同时也是火柴盒。

燃料问题似乎容易解决，问题是产生火花的方法一直颇嫌笨拙。我们今天所用的打火机的转轮实际上是奥地利人奥尔研制出来的，奥尔发现铁铈合金制成的金属在摩擦时很容易产生大面积的火花。这种金属就是以奥尔命名。奥尔金属的打火轮一开始并不是现在，圆形的周边呈锉状的。

↑李小龙金色防风打火机

经过一番摸索，他把火石装在火石管里，为保证火轮的火石间有足够的压力，在火石下面有一弹簧结构，蹭一下火轮子，即可产生火花。奥尔解决的是火花产生的问题，直到今天，它仍是打火机点燃的主流方式。不过人们并不是一开始就想到用转轮，曾采用半转轮，但很快意识到这种往复式的半轮的缺点是火石磨损过快，因为即使不打火时也要磨一下火石。

后来科技的发展使人们发明了电打火。现代烧液体和气体燃料的汽车都是通过火花塞放电点火的。

↑火对人类的文明发展起着决定性的作用。

打火机迅速发展的时代

当火花问题和燃料问题解决后，打火机工业得以迅猛发展。19 世纪末 20 世纪初，到处都是打火机厂，有的用金属，有的用电木（酚醛树脂）作机壳，真是百花齐放。德国的一些犹太人因不堪忍受纳粹的摧残，移居到英美等地，其中就有些打火机制造商逃到伦敦，他们开始在英国制造打火机。这时开烟斗店的"登喜路"开始造打火机。

而此时在美洲，一名叫 Aranson 的人造出了 Ranson 打火机，并为它的班卓琴形状申请了专利。这种装有汽油、火石的打火机辉煌了很长一段时间。后来同众多厂家一样，停产了。

在打火机制造史上，最具有传奇色彩，并且生命力最长久的（至今在全世界的百货店里都能见到）要算是美国的 Zippo 打火机了。

↓ Zippo——优雅男士的签签。此为汽车样式的打火机。

1932 年，正值美国大萧条的中期。一个雾气腾腾的夏夜，在美国宾夕法尼亚州布拉德福德的乡村俱乐部里，乔治·勃雷斯代与一个朋友在神侃。他的朋友在用一美元一个的奥地利产的打火机点烟，那是一个十分难看的打火机。

"凭你的穿戴，难道你不能用像样一点的打火机吗？"

"你知道吗？乔治，"他朋友回答，"这玩意儿管用！"

奥地利人似乎没心思完善他们的发明，乔治则对这种打火机进行了改进。他将奥地利打火机改成方块盒，握在手中很合适。打火机盖用一个合页与机身相连，在棉芯周围加一个防风网，方便又美观的打火机诞生了。这就是 Zippo 及其创始人乔治·勃雷斯代的故事。

↑ 历史悠久的 Zippo 打火机每款均为精工细作，除了实用性和防风的妙处外，每款 Zippo 都是一件艺术品，具有收藏价值。

与众不同的是，在一次次追逐时髦的浪潮中，Zippo 却拒绝一次性消费，主张终身保用，这为收藏提供了极大的方便。Zippo 的外形在过去 70 来年中始终没有变，也就是说，如果你搞到一只 1934 年的 Zippo，它会跟千禧年纪念版的 Zippo 一样大小。更有趣的是，即使是 1932 年的原型 Zippo，其燃烧器部分仍与最新的 Zippo 通用。

香烟——带来"轻松"也带来危害

认识大发明

烟草含有尼古丁,是一种生物碱,可以刺激人类神经兴奋,长期使用耐受量会增加,但也会使人产生依赖性。

↑不同的香烟时常作为不同阶层人士标示自己的象征。

↓有些时候香烟确实能够给人带来灵感。

烟草的传说

传说在很久很久以前,美洲印第安人的部落里,有一位公主死了。根据那儿的风俗,人死了都实行天葬。于是,在举行了隆重的遗体告别仪式后,公主的遗体被抬到野外的草地上,让鸟兽啄食,吃光,而后升入天堂。

奇怪的是,过了三天,公主不但没有被鸟兽吃掉,反而活着回来了。原来,公主受到草地上一种植物的辛辣气味刺激后苏醒了,这种植物就是烟草。从此,烟草就以"还魂草"的名字开始了它的传播。

烟草传播

烟草始于何时,史书无确切记载。根据考古发现,在墨西哥恰帕斯洲博南克的一座建于公元前432年的神殿里,镌刻着一幅"祭司吸烟"的石刻浮雕。

另外,考古学家在南美洲阿里诺斯北部的普伯洛发现,在公元前650年印第安人居住过的洞穴里,有宽大的烟叶和烟斗并列在一起,这说明当地的土著居民早在2600多年以前就已经开始吸烟了。

在早期的印第安人看来,烟是人与神之间的重要交流媒介,也是"天神"的食物。因此,印第安先民们认为人吸了烟可以驱邪消灾。

墨西哥的玛雅人则认为,雨神吸烟后会造福于人类,使大地风调雨顺。所以每逢干旱季节,他们都要举行隆重的祈雨仪式,众人围坐在一起,点燃一堆堆野生烟叶,吸取冒出的青烟,然后仰面朝天,吞云吐雾。

因此，有历史学家认为，墨西哥的土著人是世界上最早学会吸烟的人。

烟草原产于美洲，印第安人发现其中含有可以兴奋神经的物质，人们在部落会议和祭祀活动中，总是要大量吸食燃烧的烟草。后来西班牙殖民者将其带到欧洲。最早的西班牙水手回国吞云吐雾时，曾经使家乡的人大惊失色，认为他们和魔鬼打上了交道，但很快烟草的使用就风行全欧洲并向世界普及。18世纪时烟草传入中国。

香烟的危害

根据联合国报告，吸烟是世界上导致人类死亡的第二个因素。如果目前这种吸烟状况仍在持续的话，到2020年，人类因吸烟导致的死亡人数每年将增加到1000万人。

有关医学研究表明，吸烟是导致心脑血管疾病、癌症、慢性阻塞性肺病等多种疾患的重要因素。

研究表明，烟草的烟雾中约有4000种有害物质，其中许多物质可导致癌症。吸烟是导致肺癌的首要危险因素，除肺癌外吸烟还会造成许多癌症，如膀胱癌、胃癌、肠道癌、前列腺癌、咽喉癌和舌癌。

二手烟的严重危害

香烟不仅直接危害人类的健康，并且抽烟之后所形成的二手烟给人类造成的危害也是一个无形杀手。

二手烟是最常见的危害儿童健康的污染物。据世界卫生组织评估，二手烟对儿童健康的危害主要有：引发儿童哮喘、幼儿猝死综合征、气管炎、肺炎和耳部炎症等。

↑1902年，美国烟草公司和英国的帝国烟草公司联合成立了英美烟草公司，从而结束了两大巨头之间由来已久的销售大战。Lucky Strike品牌是英美烟草1903年从一家退出烟草行业的美国公司手中收购的品牌。

→ 二手烟是最常见的危害儿童健康的污染物。

方便面——最成功的快餐

方便面又称"快餐面",由于吃起来方便、快捷,已经成为当今世界上最流行的食品之一。

日本人发明了方便面

"二战"后日本粮食严重不足,人们饿得连薯秧都吃。安藤百福偶尔经过一家拉面摊,看到穿着简陋的人群顶着寒风排起了几十米的长队,他不由得对拉面产生了极大的兴趣。

1958年春天,安藤百福在大阪府池田市的住宅后院建起了一个10平方米的研究室,找来了一台旧制面机,然后买了一个直径1米的中华炒锅、一袋18千克的面粉、食油等,开始潜心研究方便面。安藤百福设想的方便面是一种只要加入热水立刻就能食用的快餐面,食用起来非常简便。

工夫不负有心人,1958年,他发明的首包鸡肉方便面问世。同年,安藤将中交总社易名为日清食品公司。1968年,日清王牌产品"出前一丁"诞生。1971年,日清首次推出杯装速食面,随即风靡全球。

↑方便面是20世纪世界食品工业中的一颗明珠。

方便面的制作工艺

首先,在面粉中加入33%的水,采用和面机将面和好,然后将面放入压面机中压成面片,再经切割机切成面条。切好后的面条经传送带送入蒸煮机,蒸煮1~2分钟,然后进行着味处理。着味处理一般有两种:一是浸泡法,二是喷雾法。着味后的面条使用切面机切成段并分份,非油炸方便面直接使用95℃的热风烘干即可,油炸方便面还需用130~150℃的沸油炸制。经过油炸后的方便面,组织呈多孔状,其口味比热风烘干的方便面要好得多。

方便面的优点

方便面具有方便、省时、经济的特点,如今已成为广大消费者理想的快餐食品。它大大减低了生活压力,挤出工作时间。方便面是20世纪

↑方便面之父——安藤百福,其实他是中国台湾人。

↓过多食用方便面,对人体健康有一定的负面影响。

↓日清方便面包装设计

世界食品工业中的一颗璀璨明珠,被日本评为20世纪最伟大的发明之一,比随身听等电器音响设备的名次还高,名列第一,目前已成为国际性的方便食品。

方便面的广泛传播

60年代方便面开始在日本流行,并渐渐传到国外。几十年后的今天,方便面已成为风靡世界的食品。根据有关统计资料估算,2003年全世界的方便面消费量为652.5亿袋。方便面年消费量排列世界前5位的国家依次是中国、印度尼西亚、日本、美国、韩国,而我们中国2003年共消费了277亿袋,即全世界约42%的方便面是由我们中国人消费掉的,我国方便面消费量居世界之最。

方便面的危害

经常以方便面为食,结果必然造成脂肪量、热量的长期过多摄入,从而导致肥胖,并促使心脏病、糖尿病、高血脂、高血压等与肥胖相关疾病的发生。同时,由于其他营养物质的长期缺乏,又会造成人体营养不良,从而又会导致另外一系列的疾病的发生,其后果是十分严重的。

专家指出,当今社会上肥胖儿童增多,这些儿童中很大一部分在发生肥胖的同时还伴随着营养不良的现象,其罪魁祸首之一就是方便面,所以它不能成为生活中的主打食品。在以方便面为正餐的时候,应注意同时补充足够的新鲜蔬菜、水果,注意补充维生素、矿物质、蛋白质等营养。

→方便面看似美味,但不可过多食之。

味精——让佳肴更美味

认识大发明

味精是食用调味品之一，白色结晶有光泽，具有强烈的鲜味，化学名是谷氨酸一钠，最初取用酸水解法，利用小麦面筋等蛋白质原料制成，现在也有从甜菜糖蜜中所含的焦谷氨酸制取，或用化学方法合成。

味精的偶然发现

人们经常见到许多食品的包装上标有"成分中含谷氨酸钠"的字样。

谷氨酸钠就是我们通常所说的味精。它的发现是极其偶然的。

1908年的一天，日本帝国大学的化学教授田菊苗，正狼吞虎咽地吃着妻子为他准备的可口菜肴，他突然停止了进餐，向妻子问道："今天的汤怎么如此鲜美？"他用小勺在汤里搅动了几下，发现汤中只有海带和几片黄瓜，他若有所思地自言自语道："海带里的奥妙。"

此后，他对海带进行了半年多的研究，最终发现海带中含有谷氨酸钠，正是它使菜肴鲜美无比，于是将其定名为"味精"。以后他又从小麦中提取出味精，不久，味精便风行全世界。现在多以淀粉为原料，通过微生物发酵，或用人工的方法合成味精。

味精因其味道鲜美，成为食品和菜肴美味的调料，深受人们喜爱。有一部分医学人士认为，食用味精能改变胃的分泌功能，可以用它来治疗胃液酸度过低及慢性萎缩性胃炎。由于人的大脑组织能氧化谷氨酸钠而产生能量，因此适量食用味精也有助于促使脑神经疲劳的缓解。

味精的危害

味精的主要成分为谷氨酸钠，谷氨酸钠是一种潜在的食品污染物质。通过大量的动物实验和社会危害调查证明，若摄取过量的味精可能会引起头痛、恶心、发热、血糖升高等症状。长期食用过量的味精会降低人体的正常抵抗力，减少人体对维生素的吸收，甚至引起其他疾病。

↑晶莹剔透的味精晶体

↑在日常食谱中味精成了人们必备的调味品。

同时，味精摄取过多还会引起骨骼及骨髓发育变异，并导致神经异常，情绪焦躁，兴奋过度。

味精的主要成分谷氨酸钠在100℃以上的高温中会遇热分解产生变异物质"异吡唑"，摄入后可引起结肠、小肠、肝脏、大脑等部位的癌病变。

味精的毒性会使脑下丘过于敏感，以致危及受脑下丘控制的生殖器官、生殖系统，使性成熟异常，并会造成视网膜损伤。

味精还会干扰与破坏内分泌，抑制激素的产生，使生长激素、催乳敷素、甲状腺激素、性激素的分泌明显减少。

→鸡精逐渐替代味精走上了人们的餐桌。

味精的科学食用

世界卫生组织（WHO）规定了味精摄取的明确限量：每千克体重每天容许摄取量以不超过120毫克为宜，12周岁以下的儿童不在此例。

使用味精时，除要注意适量外，还应注意，必须在菜做好或汤煮好快起锅时加入味精，切不可高温干炒或油炸味精，因为高温下味精容易发生化学反应而失去鲜味。另外，味精易与酸碱发生反应而失效，因此，不宜将味精和酸碱调味品混合使用。

一忌高温使用。高温后会产生毒素，对人体健康不利。

二忌低温使用。温度低时味精不易溶解。

三忌用于碱性食物。在碱性溶液中，味精会起化学变化，产生不良气味。

四忌用于酸性食物。味精在酸性菜肴中不易溶解。

五忌用于甜口菜肴。

六忌投放过量。

七忌用于炒鸡蛋。

↑味精在高温下使用时容易产生毒素，对人体健康不利。

→冰糖莲子忌放味精

洗涤剂——让美好生活远离污秽

认识大发明

洗涤剂是具有去污能力的物质。在水溶液中降低水的表面张力,并发生湿润、乳化、分散发泡等作用,从而可用于洗净皮肤、纤维、金属等表面上所附的污垢。

洗涤剂的发明

第一次世界大战期间,德国制造肥皂的油料短缺,因此化学家们研制了一种合成替代品——洗涤剂,由酒精和樟脑制成,这是一种化合物。肥皂与水中的矿物质结合时产生泡沫,洗涤剂则不会。经过不断地改进,洗涤剂的清洁效果已超过了肥皂。

洗涤剂的功效

实践证明,在织物的水洗中只有阴离子表面活性剂和非离子型表面活性剂,对织物去污能够起到正面有效的作用。因此这两种表面活性剂就成了衣物洗涤剂的主要材料。洗涤剂对皮肤、纤维、金属等表面上所附的污垢有极强的去污能力,是当今最常用的生活用品。

↑肥皂与水结合可以产生泡沫。

↑市场上各种类型的洗涤剂

洗涤剂的危害

合成洗涤剂的产量现在已经超过肥皂产量,我国合成洗涤剂的主要成分是十二烷基苯磺酸钠,占洗涤剂总产量的90%。合成洗涤剂易溶于水,随着洗衣机的广泛使用,用量越来越大。但是洗涤剂属于表面活性物质,是一种有机物,在光热条件下易氧化分解,大量消耗水中的溶解氧,致使水中的鱼和贝类等生物因缺氧而不能正常生长,甚至死亡。

此外,洗涤剂的表面活性作用还会使水中的有毒有机物的溶解度增加,废水毒性增强,威胁生物的生存,也会污染地下水质,最终危害人体健康。

洗涤剂中含有的十二烷基苯磺酸钠,是造价较低的表面活性剂,在水中易产生泡沫,并具有较好的去污能力。但是高浓度的十二烷基苯磺酸钠可以破坏生物原有的生理平衡机制,干扰生物体内正常的生理生化作用,对生殖系统而言,大量的表面活性剂可以明显降低精子的活性。

尼龙——改变人类生活的物质

认识大发明

聚酰胺（俗称尼龙）是美国杜邦公司最先开发用于纤维的树脂，于1939年实现工业化。20世纪50年代开始开发和生产注塑制品，以取代金属满足下游工业制品轻量化、降低成本的要求。尼龙制品具有良好的综合性能，包括力学性能、耐热性、耐磨损性、耐化学药品性和自润滑性，且摩擦系数低，有一定的阻燃性，易于加工，适于用玻璃纤维和其他填料填充增强改性，提高性能和扩大应用范围。

尼龙的发明

在我们的身边，用尼龙材料加工制做的各种物品随处可见。尼龙袋、尼龙布、尼龙袜、尼龙蚊帐、尼龙窗帘等等，应有尽有。然而尼龙的发明，完全算得上是一项偶然的发明。

30年代初，美国有一位名叫卡罗瑟斯的化学家。他先在著名的哈佛大学任有机化学教师，33岁时应聘到杜邦化学工业公司的研究所任基础部负责人。卡罗萨斯富于想象，勤于动手，他刻苦钻研的精神有口皆碑。

1932年夏季的一天，卡罗瑟斯像往常一样穿着白大褂早早地来到自己的实验室。细心的他注意到一根玻璃棒的尖端上粘有乳白色的细丝，这是上一次实验时未清洗掉的残渣形成的。这位科学家十分好奇地用力拉了拉这根细丝，发现它不但能够伸长，而且强度也很大。

这时候，卡里萨斯的脑子里闪出一个念头：是不是可以把以前实验时失败了的聚酰胺再加以利用呢？于是他将这种本来很有可能作废料处理的化合物重新拿出来加热，然后扯成细丝，看能否制造人造丝。1935年，卡里萨斯成功地将这一设想变成了现实，被称为"尼龙"的人造丝终于成功地发明出来了。杜邦公司立即组织力量生产尼龙，迅速占领了市场。

尼龙繁多的种类

尼龙的种类繁多，主要品种是尼龙6和尼龙66，这两者占绝对主导地位，其次是尼龙11，尼龙12，尼龙610，尼龙612，另外还有尼龙1010，尼龙46，尼龙7，尼龙9，尼龙13，新品种有尼龙6I，尼龙9T和特殊尼龙MXD6（阻隔性树脂）等。

↑尼龙的发明者卡罗瑟斯

↓各种颜色的尼龙绳

尼龙的改性品种数量繁多,如增强尼龙、单体浇铸尼龙(MC尼龙)、反应注射成型(RIM)尼龙、芳香族尼龙、透明尼龙、高抗冲(超韧)尼龙、电镀尼龙、导电尼龙、阻燃尼龙、尼龙与其他聚合物共混物和合金等,满足不同特殊要求,广泛用作金属、木材等传统材料代用品,作为各种结构材料。

尼龙纤维的良好性能

尼龙为韧性角状半透明或乳白色结晶性树脂,作为工程塑料的尼龙具有很高的机械强度,软化点高,耐热,摩擦系数低,耐磨损,自润滑性,吸震性和消音性,耐油,耐弱酸,耐碱和一般溶剂,电绝缘性好,有自熄性,无毒,无臭,耐候性好,染色性差。

尼龙的缺点是吸水性大,影响尺寸稳定性和电性能,纤维增强可降低树脂吸水率,使其能在高温、高湿下工作。尼龙与玻璃纤维亲合性能十分良好。

尼龙的最初研究和发明并没有明确的目的,但最终却产生了改变人们生活面貌的重大作用。尼龙的发明和应用成为企业办基础科学研究非常成功的典型。它使人们认识到与技术相比科学要走在前头,与生产相比技术要走在前头;没有科学研究,没有技术成果,新产品的开发是不可能的。此后,企业从事或资助的基础科研在世界范围内如雨后春笋般地出现,使基础科研的成果得以更迅速地转化为生产力。

↑ 尼龙也广泛用于休闲用品。

尼龙在使用上具有优良的性能,经填充、增强、增韧、阻燃等改性后其性能可进一步提高,被广泛用于汽车、电子电气、包装、机械、家具、建材、运动和休闲用品、生活用品、玩具等行业。尼龙的合成是高分子化学发展的一个重要里程碑,也奠定了合成纤维工业的基础,被称为20世纪改变生活的重大科技发明。

合成纤维尼龙的工业地位

尼龙的合成奠定了合成纤维工业的基础,尼龙的出现使纺织品的面貌焕然一新。用这种纤维织成的尼龙丝袜既透明又比丝袜耐穿,1939年10月24日杜邦在总部所在地公开销售尼龙丝长袜时引起轰动,有人用"像蛛丝一样细,像钢丝一样强,像绢丝一样美"的词句来赞誉这种纤维。到1940年5月尼龙纤维织品的销售遍及美国各地。

从第二次世界大战爆发到1945年,尼龙工业被转向制降落伞、帘子布、军服等军工产品。由于尼龙的特性及其广泛的用途,在第二次世界大战后发展非常迅速,尼龙的各种产品从丝袜、衣着到地毯、渔网等,以难以计数的方式出现。最初10年间产量增加25倍,1964年占合成纤维的一半以上,至今聚酰胺纤维的产量虽说总产量已不如聚酯纤维多,但仍是三大合成纤维之一。

↑ 首先开发尼龙的美国杜邦公司

塑料——一把令人遗憾的科技双刃剑

认识大发明

塑料,照字面讲,是可以塑造的材料,也就是具有可塑性的材料,现今的塑料是用树脂在一定温度和压力下浇铸、挤压、吹塑或注射到模型中冷却成型的一类材料的专称。

塑料的发明

1869年最早的人工制造的塑料赛璐珞取得专利。赛璐珞虽是最早的人工制造塑料,但它是人造塑料,而不是合成塑料。第一种合成塑料是在20世纪初由美国化学家贝克兰将酚醛树脂加热模压而制得的。贝克兰将酚醛树脂添加木屑加热、加压模塑成各种制品,命名为"酚醛树脂"。第一次世界大战后,无线电、收音机等电气工业迅猛发展,更增加了对酚醛树脂的需求。

塑料的优点

塑料是一种很轻的物质,用很低的温度加热就能使它变软,随心所欲地做成各种形状的东西。塑料制品色彩鲜艳,重量轻,不怕摔,经济耐用,它的问世不仅给人们的生活带来了诸多方便,也极大地推动了工业的发展。

塑料的发展

现代塑料工业形成于1930年,近40年中获得了飞速发展。1846年人们用纤维素(棉花)和硝酸制得硝酸纤维素。后来人们又将潮湿的硝酸纤维素和樟脑混合,制成虫胶的代用品。

虽然塑料从发现至今已有100多年,但目前仍在广泛使用,如乒乓球、玩具、梳子、钮扣等。

从1907年建立了第一个酚醛树脂厂起,塑料便开始进入合成高分子时期。1931年开始了第一个热塑性树脂聚氯乙烯树脂的工业生产,此后合成高分子工业发展迅速,聚苯乙烯、聚乙酸乙烯酯、聚甲基丙烯酸甲酯等陆续工业化生产。

↑塑料制品渗透到了人们生活的方方面面。

20世纪30年代，尼龙问世，它的出现为此后各种塑料的发明和生产奠定了基础。由于第二次世界大战中石油化学工业的快速发展，塑料的原料以石油取代了煤炭，塑料制造业也得到飞速的发展。

塑料给人类带来的麻烦

塑料的发明可以说是一把锋利的双刃剑。塑料在给人们的生活带来方便的同时，也给环境带来了难以收拾的后患，人们把塑料给环境带来的灾难称为"白色污染"。

↑美国化学家贝克兰

由于塑料是从石油或煤炭中提取的化学石油产品，一旦生产出来很难自然降解。塑料埋在地下一二百年才会腐烂降解，大量的塑料废弃物填埋在地下，会破坏土壤的通透性，使土壤板结，影响植物的正常生长。如果家畜误食了混入饲料或残留在野外的塑料，也会造成因消化道梗阻而死亡。

英国《卫报》在2006年10月18日评出"人类最糟糕的发明"，塑料袋不幸"荣获"这一称号。

↑用于制作塑料制品的聚乙烯

《卫报》称，我们的地球似乎已经变成了"塑料星球"，土地、河流、高山、海洋……塑料袋无处不在。直到有一天，我们都已离去，这些家伙仍然占据着地球，因为它们是"永生"的。

南非的"白色污染"更为严重，大风吹过，树木上挂满了白色的塑料袋，不知道的人还以为是下雪了。

目前，很多国家都采取焚烧（热能源再生）或再加工制造（制品再生）的办法处理废弃塑料。这两种办法使废弃塑料得到再生利用，达到了节约资源的目的。但由于废弃塑料在焚烧或再加工时会产生对人体有害的气体，污染环境，其中所产生的二噁英，里面含有16种有毒气体。所以可以说废弃塑料的处理至今仍是环保工作中最令人头疼的一大难题。

↑推行时尚环保主义的人们，开使用环保布袋。

电视机——周游世界尽在一个窗口

认识大发明

电视接收机简称电视机,它是把电视信号复原为图像信号及伴音信号的装置。它的作用在于放大信号,选择频道,抑制干扰,解调信号还原成图像及伴音信号,借同步和扫描作用使显像管正确显示出无畸变的图像。

电视机的发明故事

1925年的一天,伦敦一家最大的百货店顾客盈门。一批又一批的顾客涌向店内两间相连的小室。据说有人发明了一种机器,能把接收到的图像再现出来。

观众们乘兴而来,但扫兴而归。因为他们看到的仅仅是模糊不清的影子和闪烁不定的轮廓。人们议论纷纷,有一些热心者则向发明者追问:"你怎么不把图像弄清楚些呢?你能不能传一只动物什么的给我们看看?""对不起、对不起。目前的技术还没有办法。"发明家贝尔德在一边无奈而又尴尬地回答着人们的追问。

贝尔德是个不到20岁的英国青年,当时无线电技术已经广泛运用于通信、广播。世界上许多发明家,其中有最伟大的科学家和工程技术大师,都想发明能传播现场实况的电视机,但都没有成功。尽管如此,贝尔德立志要发明电视机。

↑人类早期的电视机

↑随着人们生活水平的提高,家庭影院已经逐渐普及。

↑TCL全球最薄液晶电视机薄绝系列 L52H78F

贝尔德在他简陋的试验室里年复一年地工作着,他的试验装置被无数次反复拆装。经过18年的努力,1924年春天,贝尔德成功地发射了一朵十字花。但发射的距离只有3米,图像也忽有忽无,只是一个轮廓。

为了找明图像不清晰的原因,贝尔德又开始了新一番试验。他想原因也许是电压不足。于是他把几百个干电池连接起来。他接通了电路,可是不小心左手触到了一根裸露的连接线，高达2000伏的电压立即把他击倒在地，他当场昏迷。第二天的伦敦《每日快报》马上用大字标题报道了贝尔德触电的消息。贝尔德一时间成了英国的新闻人物。

事后贝尔德并没有因此而退缩，他依旧义无反顾地投入到异常艰辛的发明工作中。资金不足一直困扰着贝尔德，他就利用小报宣传的方式一边研究一边筹集资金。但是筹集资金的条件很苛刻，经费很快又用尽了。他的试验仍无重大突破。后来一家百货店的老板又来同他订了合同，承诺每周付他25英镑，免费提供一切材料，但贝尔德必须在他商店门前操作表演。

现场表演又是失败，贝尔德的生活日渐艰难。他只好忍痛把设备的零件卖掉，以此维持生活。他家乡的两个堂兄弟得知贝尔德陷入绝境后，给他寄来了500英镑。贝尔德得救了，他立即又投入试验。

成功的日子终于来到了。终日陪伴他的木偶头像"比尔"的脸部特征被清晰地显现在接收机上了。这一天是1925年10月2日的清晨。

贝尔德终于震惊英国，资助他的人纷纷涌来。贝尔德更新了设备。开始更大规模的试验。

1928年，贝尔德把伦敦传播室的人像传送到纽约的一部接收机上。

不久，又出现了新的奇迹。贝尔德把伦敦一位姑娘的图像传送给她正在远洋航行的未婚夫。

贝尔德的名字在全世界传开了。他申请在英国开创电视广播事业，但没有得到批准。但要求电视广播的人越来越多。这个问题提交给议会，经过激烈的长时间的辩论，议会决定了开展电视广播。

↑大屏时代来临，背投电视为何没人爱？

1936年秋，英国广播公司正式从伦敦播送电视节目。此时的贝尔德又开始埋头研究彩色电视。

1941年12月，贝尔德成功传送的首批完美的彩色图像。可惜的是贝尔德的实验室被希特勒的飞弹击毁了，但贝尔德重新开始研究。1946年6月的一天，英国广播公司开始播送彩色电视节目，但劳累过度的贝尔德却在这一天病倒了，没有收看到他的研究结果。6天后，他离开了人世，终年58岁。

电视机的分类

一、按色彩：彩色电视机、黑白电视机

二、按尺寸：5英寸、14英寸、18英寸、21英寸、25英寸、29英寸、34英寸、背投及其他

三、按屏幕：球面彩电、平面直角彩电、超平彩电、纯平彩电

四、按显像管：普通电子管彩电、液晶显示彩电、等离子彩电

↑DLP 背投电视墙拼接

电冰箱——现代生活的必备家电

认识大发明

电冰箱是冷藏食物与药品用的电器器具，大小以其箱体的有效内容积表示，目前大多在 50~300 升之间。按功能有冷藏箱、冷藏冻箱、冷冻箱三大类；按冷却方式有直冷式和间冷式。电冰箱由压缩机、冷凝器、干燥过滤器、毛细管、蒸发器等部件组成。

冰箱的发明

第一台人工制冷压缩机是由哈里森在 1851 年发明的。哈里森是澳大利亚《基朗广告报》的老板，在一次用乙醚清洗铅字时，他发现乙醚涂在金属上有强烈的冷却作用。哈里森经过研究研制出了使用乙醚和压力泵的冷冻机，并把它应用在澳大利亚维多利亚的一家酿酒厂，供酿酒时制冷降温用。这就是冰箱的发明来源。

冰箱发展史

4000 年前，美索不达米亚地区的人们就知道将肉储藏在装满冰块的洞穴中，1850 年左右，美国首先推出的家庭用冰柜，也是使用天然的冰块，但并未达到冷冻效果。第一台电冰箱是瑞典的普拉登与缈塔在 1923 年发明制造的。首先使用氟氯气体为冰冻剂的冰箱，是 1930 年在美国发明的。1930—1940 年，附有冷冻机的电冰箱已经普及美国每个家庭。随着生活水准的逐渐提高，电冰箱已成为相当普遍的家用电器。

冰箱的工作原理

世界上的物质有三态：气态、固态和液态，在一定条件下三态可以相互转化。液体由液态变为气态时，会吸收很多热量，简称为"液体汽化吸热"，电冰箱就是利用了液体汽化吸热来制冷的。

冰箱的作用

电冰箱已成为现在家庭的普遍家用电器之一，延迟了食物的腐坏期，为人类生活带来方便和提供健康保障。

↑便于携带的迷你冰箱

↑电冰箱已成为常用家用电器之一。

↓如今高科技的智能冰箱

空调——空气的调节器

认识大发明

空气调节器，能够调节房屋、机舱、船舱、车厢等内部的空气温度、湿度、洁净度、气流速度等，使室内达到一定的要求。

空调的发明

美国人威利斯·开利于1902年设计了第一个空调系统。1906年他以"空气处理装置"为名申请了专利。开利最初的解决方法是将空气吹过冷盘管，这虽然没有大获成功，但却激励了这位25岁的年轻人。此后，他开始为印刷厂、面包房、纺织厂和其他对稳定的空气条件有较高要求的行业研制功率更大、更为可靠的冷却系统。

空调工作原理

首先，低压的气态制冷剂被吸入压缩机，被压缩成高温高压的气体；而后，气态制冷剂流到室外的冷凝器，在向室外散热过程中，逐渐冷凝成高压液体；接着，通过节流装置降压（同时也降温）又变成低温低压的气液混合物。此时，气液混合的制冷剂就可以发挥空调制冷的"威力"了，进入室内的蒸发器，通过吸收室内空气中的热量而不断汽化，这样，房间的温度降低了，它也变成了低压气体，重新进入了压缩机。如此循环，使气温变低或者调高。

↑威利斯·开利博士从发明了世界上第一套科学空调系统开始，就一直引领着空调行业的发展。

空调的利弊

空调逐渐被用来调节生产过程中的温度与湿度。空调发明后的20年间，享受的对象一直是机器，而不是人。1922年开利工程公司研制成功了在空调史上具有里程碑地位的产品——离心式空调机。从此，人才成为空调服务的对象。家用空调的研制始于20世纪20年代中期。1928年开利公司推出了第一代家用空调。但因经济大萧条和第二次世界大战，未能得到发展。50年代后经济起飞，家用空调才开始真正走入千家万户，今天，空调给我们营造了一个四季如春的世界，并且在纪念开利发明空调100周年的会议上，人们重复着这样一种说法：假如没有空调，世界的工作效率会降低40%。

←时下流行的空调无不在健康与环保上做文章。

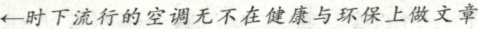

第2章 生活与医学 SHENGHUO YU YIXUE
探索人类文明发展进程

然而空调的发明也是一把双刃剑，它有利也有弊。首先，空调绝对是一个用电大户，既然空调是一个用电大户，过度地使用空调就是过度地使用和消耗能源，就会导致"温室效应"，破坏生态环境，而地球的"变热"升温又导致新一轮更多空调能源消耗，这形成了一个非良性循环链，对人类的生存条件是有害的。

其次，空调的制冷化学制剂，无论是含氯氟烃，还是改进的含氢氯氟碳和氢氟碳都对保护地球的臭氧层有破坏作用，只不过是破坏程度的大小不同罢了，这成了破坏生态环境的一大危害。

再者，过度使用空调会减少室内空气的流通，还会造成依赖空调、减少户外活动，甚至得"空调病"，这些都直接影响着人们的身体健康。

如何使空调更环保

空调用户应该养成定期清洗空调的习惯，这样既对家人的健康有益，也有利于延长空调的使用寿命，还能节约家庭开支。如果空调在使用一年后没有清洗，工作电流就要比干净的空调高出10%左右，以功率为700W的空调为例，如果一天平均用8小时，使用6个月就要多付近200度电的电费。

另外，专家也经常指出，室内的空气质量直接关系到居住者的身体健康，而空气的质量状况在很大程度上取决于空调的卫生情况，因为容易藏污纳垢的空调如果得不到及时清洗，将会成为细菌滋生的温床。为了家人的身体健康，消费者应该每隔1~2个月就清洗一次空调，保证空调时刻吹出健康之风。

↑长期在空调环境下很容易患空调病，应经常调换一下屋内的空气，偶尔吹吹风扇也是不错的选择。

↓客车上的空调独立系统

抽水马桶——"卫生水准的标尺"

认识大发明 抽水马桶是指上接水箱，下通下水道的可自动补充水的瓷质马桶。

抽水马桶的历史

人类的处理粪便装置，甚至包括用水冲厕所都有悠久的历史。正如英国考古学家阿瑟·伊文思爵士描述的那样：一块刻有槽纹的厚板为座椅，以及一个有冲厕迹象的容器，这表明原始的抽水马桶在青铜时代克里特岛的科诺索斯宫殿就已被使用了。罗马在鼎盛时期的著名公共浴室就是用同样闻名于世的高架水渠来供水的。这些设施也被用于需要充足水源的公共盥洗室，那里10～20人可同时方便。粪便经下水道被冲走。罗马的一些非常富裕的家庭拥有私家浴室，但穷人只得上公共浴室。

↑英国早期的马桶

直到19世纪前，厕所仍像17世纪一样原始，或是在户外简单建于一个土坑上，或是置于卧室或室内其他一隅的便盆。但我们确实能证明早在19世纪初，美国曾使用过抽水马桶式厕所。白宫的文件中有过这样的记载：杰斐逊曾在1801年就订购过，但直到1804年才安装好。在18世纪90年代末的费城、纽约和其他地区也可能使用过。美国最早的抽水马桶式厕所，可能也是那个时代唯一的马桶式厕所，是装在18世纪60年代中期马里兰州州长为自己修建的住宅里的。我们毫不怀疑，这个厕所显然是包括在了房屋的最初设计中。英国开始使用类似的抽水马桶得追溯到18世纪中期。

是谁发明了抽水马桶

抽水马桶是谁发明的，连许多专家也说不清。一种说法是1596年英国贵族约翰·哈灵顿发明了第一个实用的马桶——一个有水箱和冲水阀门的木制座位，在此之前，不少人总是去最近的大树下和小河里就地解决。尽管哈灵顿发明了马桶，但由于排污系统不完善而没能得到广泛应用。1861年，英国一个管道工托马斯·克莱帕发明了一套先进的节水冲洗系统，废物排放才开始进入现代化时期。

在当今世界上，抽水马桶已被公认为"卫生水准的标尺"。应该说，英国人发明抽水马桶是对人类社会的一大贡献，因此可以把它说成是世界上"最伟大的发明"。

古罗马公共大浴场遗址

玻璃——让生活更加晶莹剔透

玻璃是由熔体过冷所得，并因黏度逐渐增大而具有固体机械性质的无定型物体。

玻璃的制造与传播

玻璃制造在很早以前就已存在，譬如在埃及的古墓中发现4000年前玻璃制的护身符及装饰品，以及2000年前的日用玻璃器皿，但其形状及体积都受到限制，而且不普遍。

约在1世纪时，东方制造的精细花瓶及玻璃器皿盛行于罗马帝国。窗玻璃也是在这段时间问世。但是并不是完全透明无色的，因在制造时渗入了杂质而变成淡蓝或淡绿色。当罗马帝国崩溃后，欧洲的玻璃制造技术也随着退步。

威尼斯的玻璃制造始于10世纪，而到13世纪时其制品已经大放异彩，他们精湛的技术相传是由于和东方文化接触或是修道院遗留下来的古老技术。这种技术由威尼斯的工人将其发扬光大，并严密保存，防止技术流传到其他国家。在1547年更颁布法令，凡是技术工匠到国外工作而不回来者，其近亲将会下狱，同时本人也会遭到杀害。

虽然如此，玻璃制造技术仍是逐渐流传到意大利、法国及中欧等地方。同时这些国家也发展出自己的特色技巧，有杂质的绿色玻璃最被广泛使用。

从15世纪开始，威尼斯的玻璃制品畅销整个欧洲，如花瓶、杯子、酒杯等。有些有灿烂的颜色，有些是晶莹剔透。同时也生产了一些欧洲宫廷使用的昂贵镜子。这项工业为威尼斯带来巨大的财富。

其实在14世纪以后，德国已能制造出许多漂亮的玻璃器皿，但若比起威尼斯制品仍然稍显粗糙和笨拙。

到了18世纪，欧洲各地都能制造不少漂亮的玻璃，尤其是雕花玻璃。

↑唯美的玻璃艺术品

↑著名的科隆大教堂内色彩绚丽的彩色玻璃窗

眼镜——眼睛的得力助手

认识大发明 眼镜是戴在眼睛上矫正视力或保护眼睛的透镜，由镜片与镜框构成。

古老的眼镜

在古罗马作家普林尼的著作中，曾经描写过这样的故事：约在 1 世纪前后，古罗马暴君尼禄非常喜欢看体育表演，但每次观看时，由于视力不好而非常苦恼。有一个工匠得知此事后，用绿宝石做了一只像现在钟表匠修钟表时用的单眼眼镜献给尼禄，尼禄戴上后，感到很满意，再不用担心看不清精彩的体育表演。从某种角度上说，这可以说是最原始的眼镜。

现知最古老的透镜是在伊拉克的古城废墟中发现的。这块透镜由水晶石磨成。我们可依此推知古老的巴比伦人至少在 2700 年以前便发现了一些透镜的放大功能，但他们并不一定了解透镜。古犹太人、古埃及人同样对眼镜一无所知。据记载，古罗马皇帝尼诺观察过各种宝石。但他只是透过宝石来观看五彩缤纷的奇异世界，并不为了提高视力。在 13 世纪末，眼镜几乎同时在中国和欧洲出现。马可·波罗在 1260 年写到："中国老人为了清晰地阅读而戴着眼镜。"这证明，至少在这以前，中国人就了解眼镜并能使用。

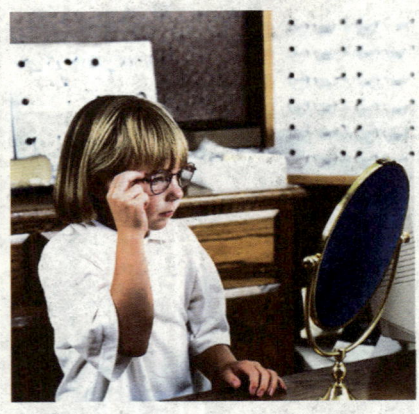

↑ "我的眼睛貌似不听话了，越来越看不清楚东西。"

近代眼镜的发展

据记载查考，真正的眼镜发明者是一个名叫萨尔沃·德格里阿买提的佛罗伦萨人，制造的第一副眼镜是双凸镜片，用来矫正近视，这该是最早的近视镜。15 世纪中叶的记载中有了凹面近视镜。16 世纪，德国开始制造有镜桥联结的眼镜。第一副带镜脚的眼镜是 16 世纪末由埃尔·格雷科制成的。1784 年美国的本杰明·富兰克林发明了双焦距眼镜，又使眼镜的声誉得以提高。到了 19 世纪，远距离视力测验表才由创始人屈勒和斯内伦编制出来。到 1872 年，才使用屈光透镜来表明镜片的度数。至于隐形眼镜，则是 1887 年由德国人制造的。

← 简洁方便的隐形眼镜

镜子——属于偶然的发明

镜子是有光滑的平面，能照见形象的器具，古代用铜铸厚圆片磨制，现在用平面玻璃镀银或镀铝做成。

镜子的发明

说起制镜技术的发明，还有这样一个小故事。有一天，法国一名工匠在做化学试验时，一不小心，把锡汞溶液洒在玻璃上了。他一时吓坏了，心想，这下可闯祸了，玻璃弄坏了，我可赔不起呀！他急得不得了，连忙用清水进行冲洗，希望把玻璃上的锡汞溶液冲洗掉。他在冲洗时意外地发现，玻璃已上了一层"银衣"，把人像照得一清二楚。后来，德国化学家利比格就根据这一现象，发明了制镜技术。

1835年德国化学家利比格把硝酸银和还原剂混合，使硝酸银析出银，附在玻璃上发明了现代镜子。1929年英国的皮尔顿兄弟以连续镀银、镀铜、上漆、干燥等工艺改进了此法。

镜子的发展史

中国奴隶制社会初期正处在青铜器时代，人们在长期的青铜冶铸实践中，认识了合金成分、性能和用途之间的关系，并能进行人工控制铜、锡、铅的配比。我们的祖先早在2000多年前就制出了精美的"透光镜"，它能反射出铜镜背后的美丽图案，因此引起世人的极大兴趣。

在古希腊罗马时代，也是用一种稍凸出的磨光金属盘作镜，其不反光的一面刻有花纹。最早的镜子是带柄的手镜，到1世纪出现了可以照全身的大镜子。

中世纪时，手镜在欧洲普遍流行，通常为银制或磨光的青铜镜。当时装在精美象牙盒内或珍贵的金属盒内的小镜子，已成为妇女随身携带的时髦品。背面涂金属的玻璃镜子是12~13世纪之交才出现的，到文艺复兴时期，纽伦堡和威尼斯已成为著名的制镜中心。

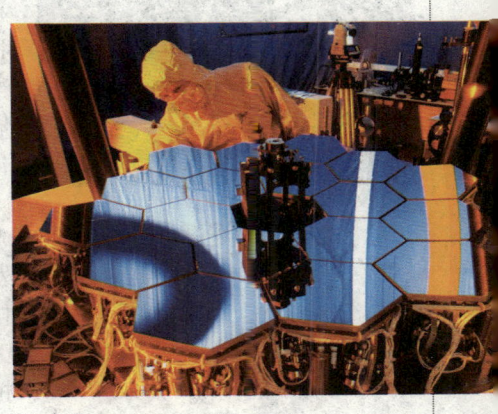

↑镜子为医学和光学的发展提供了重要作用。

→对于很多孩子来说，镜子是他（她）们最初认识自己的重要途径。

拉链——精致巧妙的设计发明

认识大发明

拉链亦称"拉锁"。服装、手提包等物品上的一种简易闭锁装置。由齿带和拉头组成。齿带以纱带或化学纤维带为材料,上嵌由铜铝合金或尼龙等制成的凹凸状齿粒,拉头由金属或尼龙制成。使用齿带伴随拉头的移动而闭锁或开启。

↑给人类带来方便的拉链

↑拉链有时也是一种艺术。

拉链的发明

19世纪前期,时髦衣服要用很沉重厚实的内衣衬在外衣里,一层一层的。当时包括衬衣、背心和外罩,所有衣服都要用带子、布条或一排排的钮扣拉紧。有时穿或脱一次衣服要用半个小时,就连当时的靴子也用钮扣或鞋带紧紧地绑到膝盖。妇女们为衣服钉钮扣成了一项繁琐费时的工作。纽扣的替代品成了人们的迫切需求。

拉链是1891年由美国芝加哥机械师贾德森最先发明的。贾德森为了解除每天系鞋带的麻烦,就发明了一种可以代替鞋带的拉链,这种拉链是由一排钩子和一排扣眼构成,用一个铁制的滑片由下往上拉,便可使钩子与扣眼一个个依次扣紧。贾德森把样品送到1893年的哥伦比亚博览会上展出,得到好评,并因此取得了专利。

拉链改进及其应用

1913年,瑞典人桑巴克改进了这种粗糙的锁紧装置,使其变成了一种可靠的商品。他采用的办法是把金属锁齿附在一个灵活的轴上。这种拉链的工作原理是:每一个齿都是一个小型的钩,能与相对的另一条带子上的一个小齿下面的孔眼匹配。这种拉链很牢固,只有滑动器滑动使齿张开时才能拉开。

拉链最先用于军装。第一次世界大战中,美国军队首次订购了大批的拉链给士兵做服装。但拉链在民间的推广则比较晚,直到1930年才被妇女们接受,并用来代替服装的钮扣。拉链是在1926年获得现在的名称的。据说,一位叫弗朗科的小说家,在推广一种拉链样品的一次工商界的午餐会上说:"一拉,它就开了!再一拉,它就关了!"十分简明地说明了拉链的特点,拉链这个词也就这样产生了。

手表——时光在腕上流逝

认识大发明

手表是系在手腕上的小型计时仪器。从19世纪中叶有人将挂表装上皮带、戴在手腕上开始使用，经逐步改进，缩小体积，美化式样，发展成为手表。

人类时间概念的起始

人类的远祖最早从天明天暗知道时间的流逝。大约6000年前，"时钟"第一次登上人类历史的舞台：日晷在巴比伦王国诞生了。古人使用日晷，根据太阳影子的长短和方位变化掌握时间。距今4000年前，漏刻问世，使人们不分昼夜均可知道时间。而钟表的出现，则是13世纪中叶以后的事。

↑功能越来越多的新式手表

↓古老的计时时钟——日晷

↑怀表——绅士的象征

钟表发展史

1270年前后在意大利北部和南德一带出现的早期机械式时钟，以秤锤作动力，每1小时鸣响附带的钟，自动报时。1336年，第一座公共时钟被安装于米兰一教堂内，在接下来的半个世纪里，时钟传至欧洲各国，法国、德国、意大利的教堂也纷纷建起钟塔。

不久，发条技术发明了，时钟的体积大为缩小。1510年，德国的锁匠首次制出了怀表。当年，钟表的制作似乎仅限于锁匠的副业，直到后来，对钟表精度的要求越来越高，钟表技艺也日益复杂，才出现了专业的钟表匠。

1806年，拿破仑时期，为约瑟芬王后特制的一块手表，是目前已知的关于手表的最早记录。这是一块注重装饰、被制成手镯状的手表。当时，男人世界里风行的

071

↑劳力士——帝王之气的代名词

是作为身份、地位象征的怀表,手表则被视作是女性的饰物。

1885年,德国海军向瑞士的钟表商定制大量手表,手表的实用性获得世人的肯定,逐渐普及开来。

20世纪初,ROLEX(劳力士)的前身——WILSDORF&DAVIS公司推出了银制绅士表和淑女表,大获成功,带动了各家钟表厂商竞相研制开发手表。

当年就以怀表技艺闻名世界的瑞士,在手表制作方面也一马当先,ROLEX在1926年就开发出完全防水型的手表"ROLEX OYSTER",1931年又率先将自动上发条的手表"OYSTER PERPETUAL"推向市场。

LONGINES(浪琴)公司也不甘示弱,其研制的精密航空钟与美国飞行家林德伯格一起飞渡大西洋,名声大振。1929年,推出带秒表功能的手表"CHRONOGRAPH",翌年又在此基础上开发出飞行用的精密手表"CHRONOMETER"。

20世纪60年代末,机械手表史掀开了新的一页:1969年,日本精工手表公司开发出世界上第一块石英电子手表,日误差缩小到0.2秒以内。1972年,美国的汉密尔顿公司发明了数字显示手表,马达和齿轮从手表中消失了。

手表制造业新技术层出不穷,机械手表却并未寿终正寝,产量虽然大减,制造技艺却得以保存。特别是瑞士的钟表厂家,在石英手表独占鳌头的今日,仍对机械手表情有独钟,坚持生产高档机械手表,并源源不断地输往世界各地。

↑一款考究的电子石英手表

→瑞士表以准确精美而著称于世。

探索人类文明发展进程

第2章 生活与医学 SHENG HUO YU YIXUE

信用卡——让信用也可以用来消费

 **认识大发明** 信用卡是商业银行为提供消费者借贷而发给顾客赊购商品的信用凭证。

信用卡的发现和普及

信用卡于1915年起源于美国。最早发行信用卡的机构并不是银行，而是一些百货商店、饮食业、娱乐业和汽油公司。

美国的一些商店、饮食店为招揽顾客，推销商品，扩大营业额，有选择地在一定范围内发给顾客一种类似金属徽章的信用筹码。后来演变成为用塑料制成的卡片，作为客户购货消费的凭证，开展了凭信用筹码在本商号或公司以及汽油站购货的赊销服务业务，顾客可以在这些发行筹码的商店及其分号赊购商品，约期付款。这就是信用卡的雏形。

↑大莱信用卡

后来美国商人弗兰克·麦克纳马拉在1950年春与他的好友施奈德合作投资1万美元，在纽约创立了"大莱俱乐部"（Diners Club），即大莱信用卡公司的前身。

1965年，发展信用卡略具规模的美国商业银行开始拓展全国性的业务，并在来年授权其商标给其他银行，发行一种有蓝、白、金三色带图案的BankAmericard（美国银行信用卡），这标志着信用卡的正式使用。

信用卡的发展

信用卡发明于美国，随后很快以它特有的优势席卷全球。目前，美国已经有90%以上一般收入的家庭使用了信用卡，高收入水平的家庭持卡率高达97%以上。在美国，用信用卡几乎可以买到任何东西。美国信用卡市场的年营业额已高达13万亿美元。也许是因为信用卡的特殊性质，人们往往不把它和普通的吃穿用方面的商品相提并论，然而，正是因为信用卡，人们的消费得以更加方便地进行，消费的规模和范围也得以迅速扩大，以至于人们已难以离开它。正如一位作家所言："如果现在一个人的信用卡被取消了，那简直相当于在中世纪被逐出教会。"

↑蓝、白、金三色图案的美国银行信用卡

再生纸——用行动拯救森林

通常，我们将纸分成原生纸和再生纸两大类。原生纸的原料是原生木浆，取自于天然木材；而再生纸的原料来自于废弃的纸张。如果我们都充分利用再生纸，就可以大大减少树木的砍伐，减少环境污染，对于环境保护也是很有利的。

再生纸生产

废纸回收后经过分类拣选，温水浸涨，被重新打成纸浆。纸浆中的杂质分为两类，一类是沙粒和小石子等比重大的杂质，它会在纸张表面形成空洞和粗糙颗粒；另一类是塑料膜、胶质、尘埃颗粒等比重轻的杂质，造纸要经过高温烘烤，这类杂质一遇到高温就会融化、粘在卷纸轮上，使作业中断。对它们要分别进行筛选净化，然后经过纸浆除渣器，最后经过多级多段往复除渣，废纸浆终于淘尽尘沙，重现洁白。这项技术把制造高档纸张的二次纤维配比从20%提高到了80%。回收一吨城市废纸大约可以制造高档再生纸750~800千克。

↑制作再生纸

利用再生纸的意义

再生纸是利用废纸作原料生产出来的纸张，其原料中的废纸纸浆比例为60%~100%，纸张上一般印有由三个弯曲的小箭头围成的"循环再生标记"。每回收利用1吨废纸，可节省木材3立方米、水100吨、化工原料300千克、煤12吨、电600度。每生产1吨再生纸，就相当于保护了26棵大树。据估算，回收1吨办公类废纸，可生产0.8吨再生纸，相应节约木材4立方米。如果把今天世界上所用办公纸张的一半加以回收利用，就能满足新纸需求量的75%，相当于800万公顷森林可免遭砍伐。为此，废纸被科学家称为原始森林、天然次生林和人工林之外的"第四种森林"。

再生纸的缺点

再生纸对环境保护有益，但生产再生纸将增加企业的成本，因为和木材纸浆、草类纤维纸浆造纸不同，再生纸的生产对设备和工艺有诸如脱墨等特别要求。高成本使再生纸的市场价格相对偏高，加之再生纸的亮度偏低、颜色灰暗，因此许多企业不愿意使用，很难推广。

↑为了提倡环保所进行的再生纸服装秀

青霉素——葡萄球菌的克星

认识大发明

青霉素是弗莱明在 1928 年发现的一种抗生素。从青霉菌培养液中提制而成，是第一种能够治疗人类疾病的抗生素。又名盘尼西林、苄青霉素。

青霉素的发现者

青霉素的发现者是英国细菌学家弗莱明。1928 年的一天，弗莱明在他的一间简陋的实验室里研究导致人体发热的葡萄球菌。由于盖子没有盖好，他发觉培养细菌用的琼脂上附了一层青霉菌。这是从楼上的一位研究青霉菌的学者的窗口飘落进来的。使弗莱明感到惊讶的是，在青霉菌的近旁，葡萄球菌忽然不见了。这个偶然的发现立刻吸引了他，他设法培养这种霉菌，经过多次试验，最终证实青霉素可以在几小时内将葡萄球菌全部杀死。弗莱明据此发现了葡萄球菌的克星——青霉素。

← 细菌学家弗莱明发现了青霉素。

→ 青霉素在世界反法西斯战争中挽救了大量士兵的生命。

青霉素的应用及发展

弗莱明将青霉菌菌株一代代地培养，在 1939 年将菌种提供给准备系统研究青霉素的英国病理学家弗洛里和生物化学家钱恩。通过一段时间的紧张实验，弗洛里、钱恩终于用冷冻干燥法提取了青霉素晶体。之后，弗洛里在一种甜瓜上发现了可供大量提取青霉素的霉菌，并用玉米粉调制出了相应的培养液。1941 年开始的临床实验证实了青霉素对链球菌、白喉杆菌等多种细菌感染的疗效。美国制药企业于 1942 年开始对青霉素进行大批量生产。这些青霉素在世界反法西斯战争中挽救了大量美英盟军的伤病员。1945 年，弗莱明、弗洛里和钱恩因"发现青霉素及其临床效用"而共同荣获了诺贝尔生理学或医学奖。

青霉素的出现开创了用抗生素治疗疾病的新纪元。它的发现是人类抗生素发展历史上的一个里程碑。直到今天，它仍然是流行最广应用最多的抗生素。

抗生素——细菌的天敌

认识大发明

抗生素又称抗菌素。是由一些微生物合成的、能抑制或杀灭某些病原体的化学物质。抗生素是微生物的一种次生代谢产物，少量低浓度使用时能对另一种微生物的生长和代谢起抑制或杀灭作用。

抗生素的种类繁多

弗莱明1928年发明的青霉素是第一种能够治疗人类疾病的抗生素。自1940年以来，青霉素应用于临床。现抗生素的种类已达几千种，在临床上常用的也有几百种。其主要是从微生物的培养液中提取的或者用合成、半合成方法制造。其分类有以下几种：β-内酰胺类（包括青霉素类和头孢菌素类）、氨基糖苷类、四环素类、氯霉素类、大环内脂类。大环内脂类中作用于G+细菌的其他抗生素、作用于G菌的其他抗生素、抗真菌抗生素、抗肿瘤抗生素、具有免疫抑制作用的抗生素如环孢霉素。

抗生素的应用

由于抗生素可使95%以上由细菌感染而引起的疾病得到控制，因此被广泛应用于家禽、家畜、作物等病害的防治，现已成为治疗传染性疾病的主要药物。抗生素还应用于食品保存，如四环素应用于肉类等的保存，制霉菌素应用于柑橘等的保存。利用四环素能与肿瘤组织结合的特性，可将这种抗生素作为载体以提高抗肿瘤药物的药效。

无休止的细菌战

人体服用抗生素后会存在很多不良反应，甚至丧失生命，每年因抗生素反应过敏的患者不是一个小数目。

当抗生素得到广泛使用时，因药物与细菌多次反复接触后，细菌对该药的敏感性降低甚至消失，就产生了耐药性，必须加大用药量或重新选择其他暂不耐药的抗生素才行。但是，当抗生素被长期使用后，细菌也会对新用的抗生素产生耐药性，从而造成交叉耐药，导致了抗生素的用药量越来越大，而效果越来越差。因此，人们应清醒地认识到，自发明抗生素那一天开始，人类就陷入了与细菌无休止斗争的怪圈：抗生素诞生——菌种由被杀灭到产生耐药性——更强的抗生素使用，如此循环。

↑抗生素已开始泛滥。

↓"流鼻涕了，还不快用我抗生素大侠。"

毒品——让人类走入迷途

根据《刑法》第 357 条的规定：毒品是指鸦片、海洛因、甲基苯丙胺（冰毒）、吗啡、大麻、可卡因以及国家规定管制的其他能够使人形成瘾癖的麻醉药品和精神药品。

毒品的古老历史

人们知道，早在新石器时代，就在小亚细亚及地中海东部山区发现了野生罂粟，青铜时代后期（约公元前 1500 年）传入埃及，公元初传入印度，6~7 世纪传入中国。从很早时候开始，人们就把罂粟视为一种治疗疾病的药品，因而便有意识地进行少量的种植与生产。

随着人类社会的发展和进步，出现了鸦片。作为一种商品，它既有使用价值也具有经济价值；作为一种药品，它既有医疗使用的价值，同时也具有一定的麻醉、积蓄毒素乃至造成依赖、上瘾的作用。

英国自 1852 年第二次侵缅战争后，就诱迫缅甸人民大规模种植罂粟，很快也波及到了老挝一侧，在现今南塔、波乔（原名会晒）这两个省的苗、瑶、拉祜及哈尼等山地民族也引进种植了罂粟，将它的提取物（即鸦片）作为包医百病的灵丹妙药。1893 年法国入侵并占领老挝后，大规模的种植与贸易才开始兴起。此后鸦片被公认为"世界性瘟疫"。

最恐怖的毒魔

毒品的发明最初是为了解除人的病痛，但由于它能在短期内给人带来极度快感，越来越多的人开始使用成瘾。如今，在世界的任何一个角落都能找到它们的影子。吸毒的严重后果不仅仅在于损耗机体健康，还由此滋生了大量的犯罪。

毒品的危害，可以概括为"毁灭自己、祸及家庭、危害社会" 12 个字。

在医学上来说毒品严重危害人的身心健康。

破坏循环系统：引起感染性心内膜炎，各种类型的心律失常。

↑罂粟——谁能想如此美丽的东西如此危险？

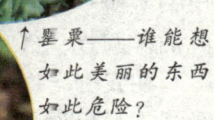

←罂粟的果实

↑吸食（注射）毒品，不仅会侵害人们的身体，更是会严重侵害人们的心灵。

影响呼吸系统：引起各种呼吸系统感染，表现为咳嗽、咯痰、呼吸困难、哮喘等，临床上还发现在海洛因成瘾者中肺结核的发病率较高，且治疗困难。

影响消化系统：吸毒常引起胃肠蠕动减慢，便秘较为常见。在神经系统上吸食毒品会引起一系列的神经系统病变，吸毒者多有人格障碍，性情暴躁、蛮横、撒谎、诡辩、没有责任感，沉缅于白日做梦。

更令人恐惧的是，由于吸毒还会导致多种疾病的传播。吸毒可引起乙肝、丙肝，尤其是艾滋病的蔓延，由于共享不洁净的注射器而引起的艾滋病感染是当前我国感染艾滋病的首要途径。吸毒影响妊娠、分娩：吸毒的妇女大多月经不正常，常见闭经、痛经及排卵停止；吸毒孕妇娩出婴儿的死亡率明显增高，且有许多并发症，有些婴儿出生时即会发生戒断综合征。

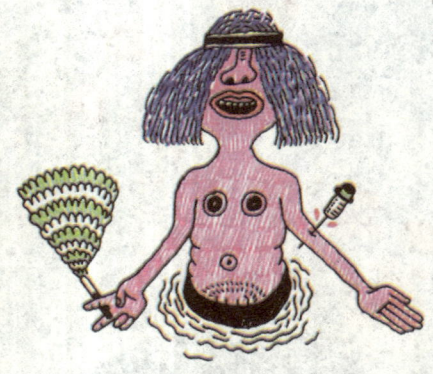

↑虽然全世界都在宣传关于吸毒的危害，但吸毒人数还是在日渐增多，这种现状实在令人忧虑。

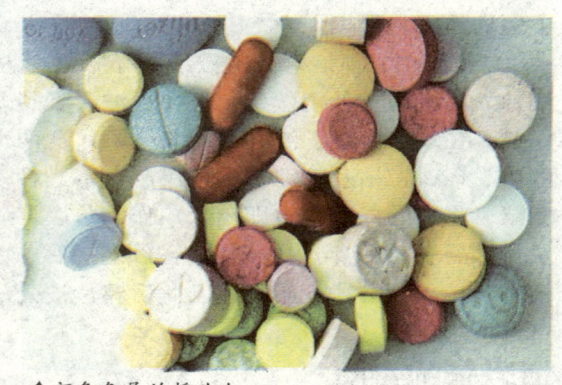

↑颜色各异的摇头丸

除上述之外，吸毒直接影响生育，沾染性病、艾滋病，殃及子孙后代的后果也是极其严重的。静脉注射的方式是直接传播艾滋病、性病的重要途径。美国纽约市市长戴维·丁金斯在1990年2月10日禁毒特别联合国大会上透露，对该市部分医院抽样调查，11%～20%的新生婴儿在接受毒品测验时是阳性反应。

在我国，据卫生防疫部门对吸毒人员进行性病、艾滋病病毒的监测表明，有的吸毒人员已经染上性病、艾滋病病毒，而且人数在增多。有的年轻妇女由于吸毒，致使其刚刚出生的婴儿已是毒品成瘾者了。毒品断子绝孙何其毒也！人类如果长此下去将危及到种族的延续。

克隆科技——生物学的奇迹

认识大发明

克隆是英文 clone 的音译，简单讲就是一种人工诱导的无性繁殖方式。但克隆与无性繁殖是不同的。无性繁殖是指不经过雌雄两性生殖细胞的结合，只由一个生物体产生后代的生殖方式，常见的有孢子生殖、出芽生殖和分裂生殖。由植物的根、茎、叶等经过压条或嫁接等方式产生新个体也叫无性繁殖。绵羊、猴子和牛等动物没有人工操作是不能进行无性繁殖的。科学家把人工操作动物遗传繁殖的过程叫克隆，把这门生物技术叫克隆技术。

克隆技术原理

克隆的基本过程是先将含有遗传物质的供体细胞的细胞核移植到去除了细胞核的卵细胞中，利用微电流刺激等手段使两者融合为一体，然后促使这一新细胞分裂繁殖发育成胚胎，当胚胎发育到一定程度后，再被植入动物子宫中，使动物怀孕，便可产下与提供细胞者基因相同的动物。这一过程中如果对供体细胞进行基因改造，那么无性繁殖的动物后代基因就会发生相同的变化。

具有划时代意义的克隆技术

克隆技术在现代生物学中被称为"生物放大技术"，它已经历了三个发展时期：第一个时期是微生物克隆，即用一个细菌很快复制出成千上万个和它一模一样的细菌，而变成一个细菌群；第二个时期是生物技术克隆，比如用遗传基因 DNA 克隆；第三个时期是动物克隆，即由一个细胞克隆成一个动物。

1997 年 2 月 22 日，英国罗斯林研究所的科学家维尔穆特等人宣布用体细胞克隆绵羊获得成功，在世界上引起巨大震动。一时间，克隆绵羊"多利"成为动物界最耀眼的"明星"，其"咩咩"的叫声迅速响遍全球。克隆绵羊的诞生，意味着人类可以利用哺乳动物的一个细胞大量生产出完全相同的生命体，完全打破了亘古不变的自然规律。这是生物工程技术发展史中的一个里程碑，也是人类历史上的一项重大科学突破。

↑ 世界上首只克隆羊——多利

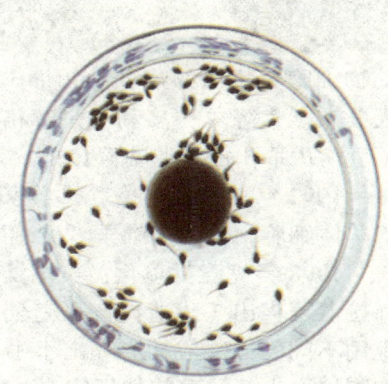

↑ 小小的蝌蚪改写了生物技术发展史，成为世界上第一种被克隆的动物。1925 年，美国科学家罗伯特·布里格斯和托马斯·金用一只蝌蚪的细胞创造了与原版完全一样的复制品。

克隆技术的发展历程

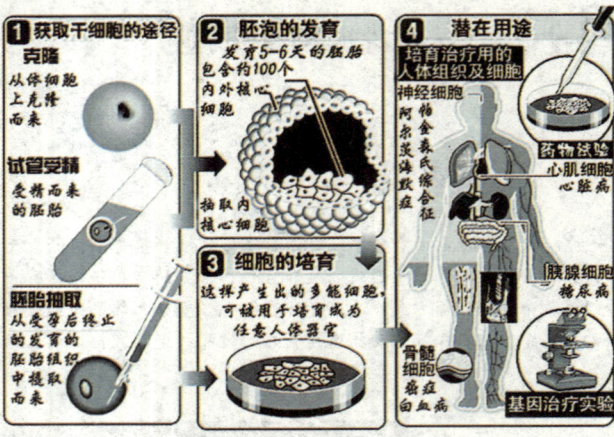

↑用于医疗科学的克隆技术构想

↓双胞胎克隆牛降生

1952年克隆蝌蚪：小小的蝌蚪改写了生物技术发展史，成为世界上第一种被克隆的动物。美国科学家罗伯特·布里格斯和托马斯·金用一只蝌蚪的细胞创造了与原版完全一样的复制品。

1972年基因复制：克隆技术精细到以单个基因复制为单位。科学家将某种特定基因单离出来，将它与某种有机体（最初是一种酵母）结合，有机体将新基因融入自己的DNA结构后再繁殖，产生出理想基因的复制品。

1978年英国医生用丈夫的精子在一个试管内使卵子受精，然后将胚胎植入健康母亲的子宫内。第一例试管婴儿的出生，使整个世界吵嚷着要目睹人类第一个体外受精婴儿刘易斯的"庐山真面目"。

1996年世界第一例从成年动物细胞克隆出的哺乳动物绵羊"多利"诞生。这个秘密直到1997年2月才向世人公布。克隆羊"多利"是苏格兰胚胎学家伊恩·威尔穆特和同事用一个从成年母羊乳房内取出的细胞克隆出的。

1997年7月，苏格兰科学家使用在实验室内培养产生并植入了一个人类基因的绵羊体细胞，克隆了绵羊"波莉"。

1998年克隆批量化：美国夏威夷大学的科学家用成年细胞克隆出50多只老鼠，并接着培育出3代遗传特征完全一致的实验鼠。与此同时，其他几个私立研究机构也用不同的方法成功克隆出小牛。其中最引人注目的是，日本人用一个成年母牛的细胞培育出8只遗传特征完全一样的小牛，成功率高达80%。

2000年人类近亲被克隆：美国俄勒冈的研究者用与克隆羊"多利"截然不同的方法克隆出猴子，科学家将一个包含8个细胞的早期胚胎分裂为4份，再将它们分别培育出新胚胎，唯一成活的只有Tetra。与"多利"不同的是，Tetra既有母亲也有父亲，它只是人工4胞胎中的一个。此外，帮助培育出"多利"的生物技术公司宣布克隆出5只小猪仔。该公司宣称，克隆猪终将成为人类移植器官的"加工厂"。

第2章 生活与医学 SHENG HUO YU YIXUE

探索人类文明发展进程

2001年克隆人被提上日程：2001年，美、意两国科学家联手展开克隆人的工作。2001年11月美国科学家宣布首次成功克隆了处于早期阶段的人类胚胎，称其目标是为病人"定制"出不会诱发排异反应的人体移植细胞。

2004年"克隆人类胚胎"在英国合法化。2004年8月11日英国颁发全球首张"克隆人类胚胎"执照，合法执照有效期为一年，胚胎14天后必须毁坏，培育克隆婴儿仍属非法行为。克隆胚胎目的在于增加人类对自身胚胎发育的理解，增加人类对高危疾病的认识，推动人类对高危疾病的治疗方法的研究。

克隆技术令世人担忧

随着动物克隆技术的重大突破，也带来了广泛的争议。克隆技术对人类来说，是一把"双刃剑"。一方面，它能给人类带来许多益处，诸如保持优良品种、挽救濒危动物，利用克隆动物相同的基因背景进行生物医学研究等；另一方面，它又将对生物多样性提出挑战。生物多样性是自然进化的结果，也是进化的动力，有性繁殖是形成生物多样性的重要基础，而"克隆动物"则会导致生物品种减少，个体生存能力下降。

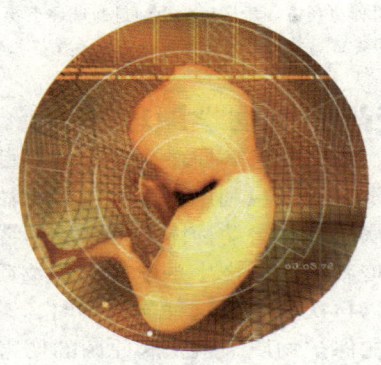

↑人类胚胎的克隆令世人震惊，更是引发了众多关于伦理道德以及生物犯罪的争议。

更让人担忧的是，克隆技术一旦被滥用于人类自身，将不可避免地失去控制，带来空前的生态混乱，并引发一系列严重的伦理道德冲突。对此，世界各国政府和科学界已是高度关注，并采取立法等措施明令禁止用克隆技术制造"克隆人"，以保证克隆只用于造福人类，而绝非复制人类。如果世界上一切生物都可以复制的话，那么后果将不堪设想。

↓电影《第六日》讲述的就是关于克隆人的故事。

所以自2001年以来，联合国大会法律委员会一直在讨论禁止生殖性克隆人的国际立法问题。由于各国在是否将治疗性克隆也列入禁止之列的问题上争执不休，该委员会于2004年年底决定放弃制定禁止克隆人国际公约，转而寻求通过一项不具法律约束力的政治宣言。2005年2月18日，第五十九届联合国大会法律委员会以71票赞成、35票反对、43票弃权的表决结果，以决议形式通过了一项政治宣言，要求各国禁止有违人类尊严的任何形式的克隆人。当时，中国同比利时、英国、瑞典、日本和新加坡等国投了反对票。

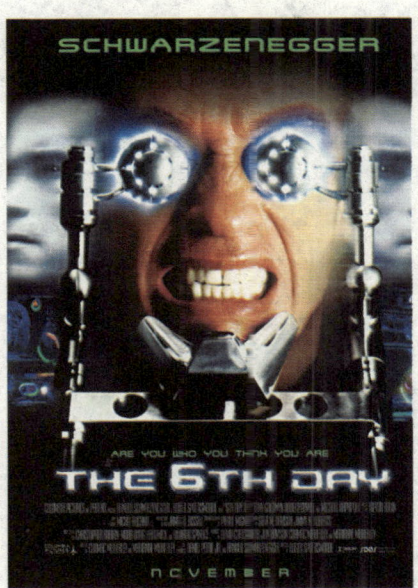

疫苗——人类健康的守护者

认识大发明

　　疫苗（vaccine）是指用细菌、病毒、肿瘤细胞等制成的生物制品。习惯上将减毒的或灭活的病原微生物制品均称为疫苗。严格讲，由细菌制成的生物制品称为菌苗，而由病毒、立克次体、螺旋体等制成的生物制品称为疫苗。常用的疫苗有死疫苗和活疫苗之分。

疫苗的生物学原理

　　疫苗是将病原微生物（如细菌、立克次体、病毒等）及其代谢产物，经过人工减毒、灭活或利用基因工程等方法制成的用于预防传染病的自动免疫制剂。它保留了病原菌刺激动物体免疫系统的特性。当动物体接触到这种不具伤害力的病原菌后，免疫系统便会产生一定的保护物质，如免疫激素、活性生理物质、特殊抗体等；当动物再次接触到这种病原菌时，动物体的免疫系统便会依循其原有的记忆，制造更多的保护物质来阻止病原菌的伤害。

疫苗的分类

　　疫苗有活疫苗和死疫苗之分。常用的活疫苗有麻疹疫苗、脊髓灰质炎疫苗、鼠疫疫苗、卡介苗，这些疫苗由毒力弱的活的病原微生物制成。当活疫苗接种到人体或动物体后，能在一定部位繁殖一段时期，但由于毒力弱，不会引起疾病，而能使人体或动物体产生免疫力。活疫苗用量少，副作用小，只需接种一次，缺点是不易保存。

　　活疫苗可通过以下两种方式获得：一是从带菌者中间分离毒力弱的菌株；二是通过人工培养，使微生物产生变异，从中获得毒力弱的菌株。鼠疫疫苗通过前一种方式获得；麻疹疫苗和卡介苗通过后一种方式获得。

　　卡介苗菌种是将一株有毒力的牛型结核分枝杆菌在牛胆汁马铃薯培养基上经过13年传代23代后获得的。

　　死疫苗是通过对人工培养的微生物经物理的或化学的方法杀死后制成的。常用的死疫苗有伤寒疫苗、霍乱疫苗、乙型脑炎疫苗等。死疫苗用量较大，对人体的副作用也大，一般要少量多次接种，其优点是容易保存。

↑疫苗为抵抗能力低的人提供了有效保护。

↓科研人员对艾滋病疫苗的研制已取得很大的成功。
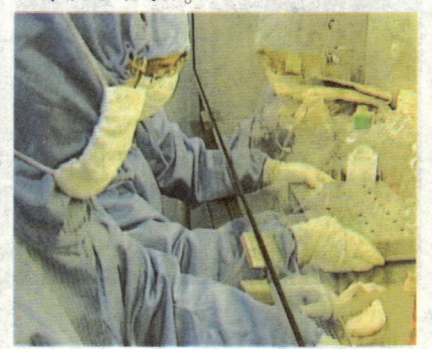

疫苗的意义

疫苗的发现可谓是人类发展史上具有里程碑意义的事件。

从某种意义上来说，人类繁衍生息的历史就是人类不断同疾病和自然灾害作斗争的历史，控制传染性疾病最主要的手段就是预防，而接种疫苗被认为是最行之有效的措施。而事实证明也是如此，威胁人类几百年的天花病毒在牛痘疫苗出现后便被彻底消灭了，人类迎来了用疫苗挑战病毒的第一个胜利，使人类认识到疫苗对控制和消灭传染性疾病的重大作用。

此后 200 年间疫苗家族不断扩大发展，目前用于人类疾病防治的疫苗有 20 多种，根据技术特点分为传统疫苗和新型疫苗。传统疫苗主要包括减毒活疫苗和灭活疫苗，新型疫苗则以基因疫苗为主。

疫苗自身存在的问题

疫苗本身也是一种病毒，因此也会存在一定的不完美性。注射这样的不完美疫苗也会对人体造成一定的伤害。《自然》杂志报道说，在某些情况下，有一种不完美的疫苗可能会比没有这种疫苗更糟糕。另外，因为注射疫苗而产生的种种过敏或者变异所致的疾病，也成为一个让人担忧的问题。

↑如果当时牛痘疫苗发明出来，也许这样的天花患者就有救治的希望。

→1885 年，巴斯德为了救一个被狗咬伤的孩子，正在搞研究。后来他救活了孩子，并在 1889 年时发明了狂犬病疫苗，他还指出这种病原物是某种可以通过细菌滤器的"过滤性的超微生物"。

胰岛素——细胞代谢的重要调节物

认识大发明

胰岛素是一种由胰脏分泌的荷尔蒙，帮助食物中的糖分顺利进入身体细胞提供能量，使血糖下降。正常人的胰脏是根据血中葡萄糖的浓度来分泌胰岛素的，血糖上升会刺激胰岛素分泌，而血糖下降则会抑制胰岛素分泌，经此调节机制，使血糖维持正常。

↓班廷在狗身上做胰岛素实验。

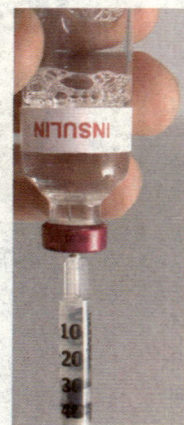

→医治糖尿病病人的法宝——胰岛素

人工合成胰岛素的历史

胰岛素于1921年由加拿大人班廷和白斯特首先发现，1922年开始用于临床，使过去不治的糖尿病患者得到挽救。1955年英国F·桑格小组测定了牛胰岛素的全部氨基酸序列，开辟了人类认识蛋白质分子化学结构的道路。

1965年中国科学家人工合成了具有全部生物活力的结晶牛胰岛素，它是第一个在实验室中用人工方法合成的蛋白质。20世纪70年代初期，英国和中国的科学家又成功地用X射线衍射方法测定了猪胰岛素的立体结构。这些工作为深入研究胰岛素分子结构与功能关系奠定了基础。20世纪80年代初已成功地运用遗传工程技术由微生物大量生产人的胰岛素，并已用于临床。

胰岛素的生物功能

胰岛素是由胰腺的胰岛乙细胞分泌的蛋白质激素。它有A、B两条肽链，共由51个氨基酸组成，并含有3个二硫键。胰岛素有十分广泛的调节细胞代谢的生物功能。主要作用部位在肌肉、肝脏和脂肪等组织。胰岛素能增加细胞膜的通透性，促进葡萄糖的氧化和储存，刺激蛋白质、脂肪以及核酸的合成。它还能促进细胞生长和分化。

人的胰腺每日可产生1~2毫克胰岛素，进食后其分泌量增加。体内缺少胰岛素会引起代谢障碍，特别是使细胞不能有效地利用葡萄糖，造成血液中葡萄糖含量升高，过多的糖随尿排出，糖尿病即因此得名。

↓"糖尿病患者千万不要吃我。"

体内生物合成胰岛素经过几个阶段。最初的产物是单链的前胰岛素原，从氨基端开始，依次排列着信号肽、B链、连接肽（C肽）和A链。该前体分子经加工去除信号肽成为胰岛素原，后者在高尔基体上被酶水解成为C肽和有活性的胰岛素分子。

胰岛素的重大意义

胰岛素的作用是促进糖、脂肪、蛋白质三大营养物质的合成代谢。最主要的功能是降低血糖，是体内唯一能降低血糖的激素，促进葡萄糖进入细胞，为细胞供应能量或在肌肉、肝脏细胞内形成糖原储存能量。人体缺少胰岛素或胰岛素作用不能正常发挥，就会发生糖尿病，并引起糖、脂肪、蛋白质代谢紊乱，导致各种并发症发生。发明胰岛素向揭开生命奥秘的历程中迈进了一大步。

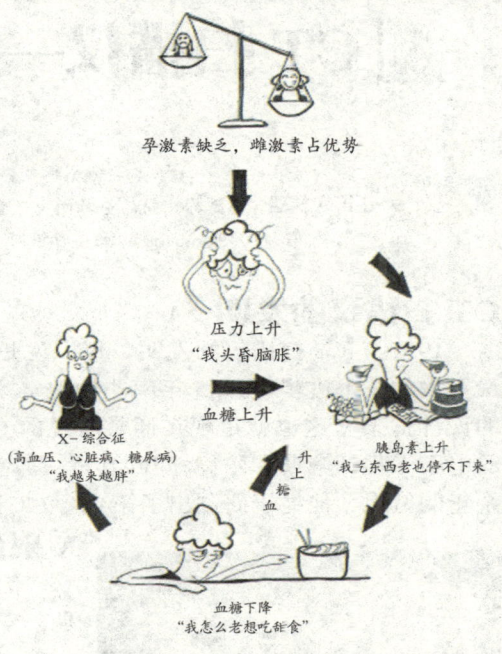

↑ 在女性身上出现的胰岛素—血糖—食欲恶性循环示意图

注射胰岛素的副作用

胰岛素的注射会产生低血糖、高胰岛素血症、体重上升、水肿、胰岛素抗体产生、胰岛素过敏、局限性脂肪萎缩、浅部溃疡或压陷、局部出血或瘀伤、注射处感染等副作用。

龙文小百科 合成牛胰岛素

从1958年开始，中国科学院上海生物化学研究所、中国科学院上海有机化学研究所和北京大学生物系三个单位联合，以钮经义为首，由龚岳亭、邹承鲁、杜雨苍、季爱雪、邢其毅、汪猷、徐杰诚等人共同组成一个协作组，开始探索用化学方法合成胰岛素。

经过周密研究，他们第一步，探索把天然胰岛素的A、B两链重新合成为胰岛素的可能性，并于1959年突破了这一难题，重新合成的胰岛素是与原来活力相同、形状一样的结晶。第二步，在分别合成胰岛素的两条链后，用人工合成的B链同天然的A链相连接。这种牛胰岛素的半合成在1964年获得成功。第三步，把半合成的A链与B链相结合，在1965年9月17日完成了结晶牛胰岛素的全合成。

经过严格鉴定，它的结构、生物活力、物理化学性质、结晶形状都和天然的牛胰岛素完全一样。这是世界上第一个人工合成的蛋白质，为人类认识生命、揭开生命奥秘迈进了一大步。这项成果获1982年中国自然科学一等奖。同时，它也是我国自然科学基础研究的重大成就，是当时我国唯一获得诺贝尔提名的成果。

↑ 中国的胰岛素领路人——邹承鲁

CT扫描仪——透视人体的每一寸的构造

认识大发明

CT是一种功能齐全的病情探测仪器,它是电子计算机X线断层扫描技术的简称。它的全称叫电子计算机X射线断层摄影,CT是英文词组Computerized-Tomography的字母缩写。

CT扫描仪的发明

1972年CT扫描仪的发明,可以说是在人类的仪器诊断技术发展史上所取得的最重大的技术进步。1955年南非物理学家科马克提出了一个初步的工作原理和主要的设计框架。这也就是现在通常所说的CT扫描仪的最初设计蓝图。英国电器公司的电子工程师豪斯菲尔德即开始以科马克的设计为基础进行实验研制。此后经过10余年的努力,他终于研制出了第一台CT扫描仪。

X射线与CT扫描仪

伦琴发现了X射线为人类带来了福音。但是,X射线透视在诊断肿瘤的时候,就常常力不从心了,原因是人体是立体的,照在一张平面的底片上,影像就会互相重叠,前面的影子挡住后面的影子,就分不清楚毛病到底出在哪里,这件事情引起了科马克的思考。

科马克出生在南非,1955年他在一家医院照管放射科的工作,他不是医生,但是按照南非的法律,医院在进行放射性治疗的时候必须有物理学家的监督。科马克很快就对癌症的诊断和治疗发生了兴趣,他也发现了X射线在诊断上的缺点,由此萌发了一个要改进放射治疗的念头。

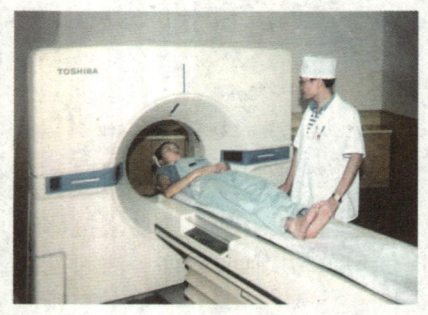

↑CT扫描仪的出现大大完善了人类的诊断方法。

↓英国科学家豪斯菲尔德

↑南非物理学家科马克(左)与英国科学家豪斯菲尔德因研制成CT扫描仪而荣获1979年的诺贝尔生理学和医学奖。

1956年，科马克首先研究各种物质对于X射线吸收量的数学公式，他开始用铝和木头制成圆柱体来做实验，然后逐渐过渡到人体模型，经过十几年的研究，他初步形成了一套理论体系。最后又与英国科学家豪斯菲尔德研制成CT扫描仪，并在1979年二人因此荣获诺贝尔生理学和医学奖。

CT扫描仪的工作

CT是用X射线束对人体的某一部分按一定厚度的层面进行扫描的仪器。当X射线射向人体组织时，部分射线被组织吸收，部分射线穿过人体被检测器官接收，产生信号。因为人体各种组织的疏密程度不同，X射线的穿透能力不同，所以检测器接收到的射线就有了差异。将所接收的这种有差异的射线信号，转变为数字信息后由计算机进行处理，输出到荧光屏上显示出图像，这种图像被称为横断面图像。

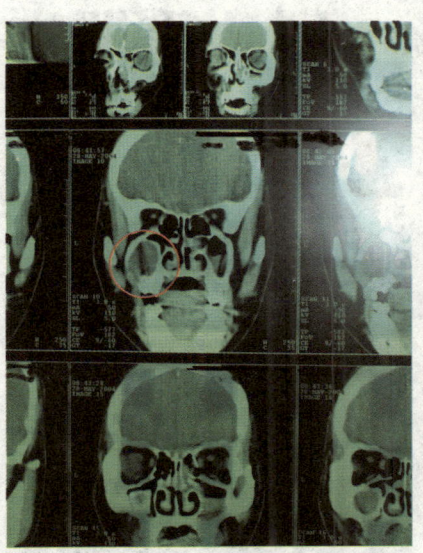
↑CT扫描仪拍摄到的颅骨受伤图片

CT的特点是操作简便，对病人来说无痛苦，其密度、分辨率高，可以观察到人体内非常小的病变，直接显示X射线平片无法显示的器官和病变，它在发现病变、确定病变的相对空间位置、大小、数目方面非常敏感而可靠，具有特殊的价值，但是在疾病病理性质的诊断上则存在一定的限制。

CT扫描仪的更新换代

CT扫描仪发明至今的几十年时间里，就已经更新换代了好几次。1972年，豪斯菲尔德和科马克向世界展示的CT扫描仪，是第一代产品，完成一次扫描需用4~5分钟；而用两个X射线管组成的第二代CT机产品，每次扫描仅需用30~120秒钟；第三代CT机产品用多个X射线管组成，能够用25秒完成一次扫描；到了第四代CT机，扫描时间减少到只需1秒钟；最近，科学家正在研制超高速的第五代CT机，按设计仅需用1%秒的时间就能完成扫描，更重要的是还可以捕捉到人体生理活动的动态变化。

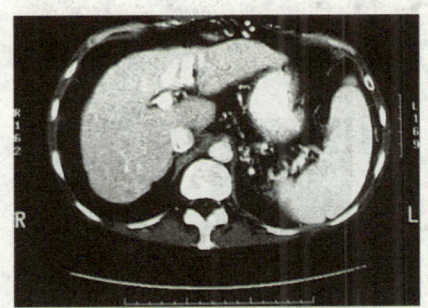
↑CT扫描仪检查出的结节性肝硬化

CT扫描仪在医学上的意义

CT扫描仪和核磁共振扫描仪的使用确实使人类对疾病诊断的准确程度大大提高了，因而被誉为20世纪医学诊断领域所取得的最重大的突破之一。

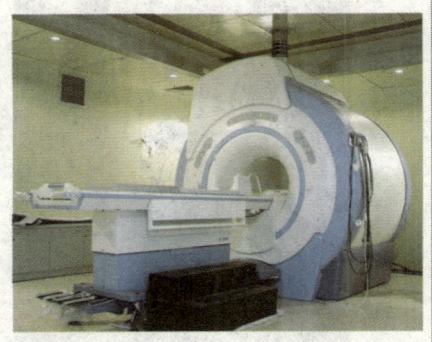
↑先进的16层螺旋CT机

人造器官——人体器官也可以是"零件"

人造器官的生物材料医学上是指能植入人体或能与生物组织或生物流体相接触的材料；或者说是具有天然器官组织的功能或天然器官部件功能的材料。

历史久远的人造器官

在古代，人类就能利用天然材料（主要是药物）来治病，制作一些简易的人体器官，包括用天然材料来修复人体的创伤。例如，公元前3500年，古埃及人用棉花纤维、马鬃等缝合伤口；墨西哥印第安人用木片修补受伤的颅骨。公元前2500年中国的墓葬中发现有假牙、假鼻、假耳。1588年，人们用黄金板修复颚骨；1755年，用金属在体内固定骨折；1809年，有人用黄金修复缺损的牙齿；1851年，人们发明了天然橡胶的硫化方法后，开始采用硬胶木制作人工牙托和颚骨。

自体人造器官是指运用生物工程技术，利用人体残余器官的少量正常细胞进行体外繁殖，获得患者所需的、具有相同功能的器官。由于用于移植的细胞由接受移植者的体内细胞培育产生，所以移植后的人造器官不会在患者体内发生排异现象。

↑相对常见的人造假肢

←几乎人体内的所有器官都可以人工制造了。这不仅能挽救人的生命，还能提高人的生活质量。

人造器官的分类

人造器官主要有三种：机械性人造器官、半机械性半生物性人造器官、生物性人造器官。机械性人造器官是完全用没有生物活性的高分子材料仿造一个器官，并借助电池作为器官的动力。目前，日本科学家已利用纳米技术研制出人造皮肤和血管。半机械性半生物性人造器官将电子技术与生物技术结合起来。在德国，已经有8位肝功能衰竭的患者接受了人造肝脏的移植，这种人造肝脏将人体活组织、人造组织、芯片和微型马达奇妙地组合在一起。预计在今后10年内，这种仿生器官将得到广泛应用。生物性人造器官则是利用动物身上的细胞或组织，"制造"出一些具有生物活性的器官或组织。生物性人造器官又分为异体人造器官和自体人造器官。

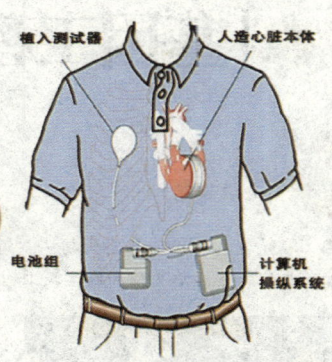

→人造心脏及其工作原理示意图

人造器官的广泛应用

最近几十年来，生物医学材料和人工器官的研究才有了较大的进步，在很大程度上应归功于高分子材料科学和工业的发展。

1936年发明了有机玻璃，很快就用于制作假牙和补牙。

1943年，赛璐珞薄膜开始用于血液透析。

1950年开始用有机玻璃做人工股骨头。

50年代，有机硅聚合物开始应用于医学，对人工器官的研究起了促进作用。

现在，除了大脑之外，几乎所有的人工器官都在进行研究，有些已经应用于手术。仅美国和欧洲，每年用于人体自然缺陷和损伤的修复植入材料就有四五百万件，每年有上百万病人在用人工器官。

全世界有6万人靠人工肾维持生命，美国和德国每百万居民中有超过500人的心脏病患者要植入心脏起搏器。在美国，每年有35万人安装人工心脏瓣膜；有18万人植入人工血管；有12万人安装人工髋关节；有10万人注射有机硅隆胸美容。人工器官和以高分子材料为主的生物医学材料已开始成为一个新兴的工业。

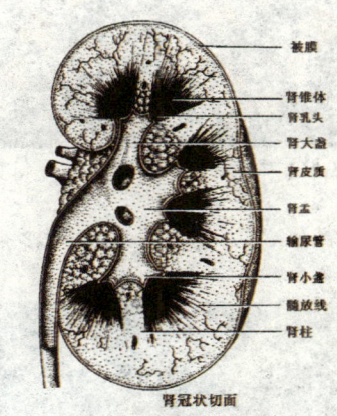

↑肾脏切面图

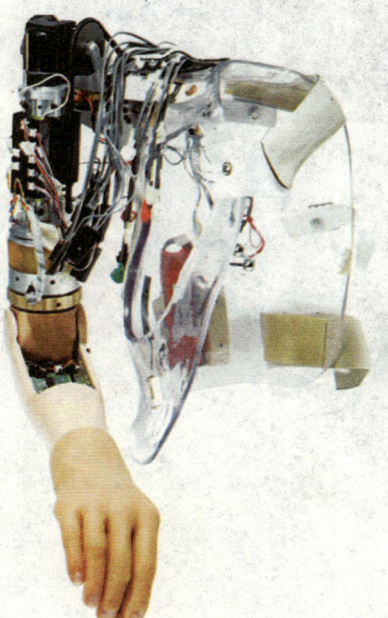

→人造器官一旦植入成功，将解决因器官移植所带来的异体移植难和交叉感染等麻烦。

基因工程——解读人类最隐秘的密码

认识大发明

基因工程是指人工进行基因切割、重组、转移和翻译表达的技术，是生物工程的一个重要分支，它和细胞工程、酶工程、蛋白质工程和微生物工程共同组成了生物工程。

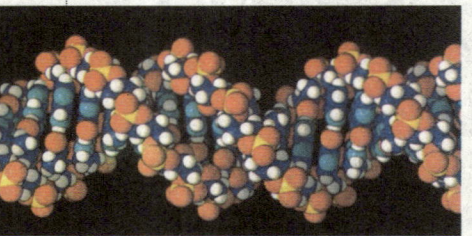

↑DNA片段结构模型

↓科研人员已成功地研制出了多种病毒疫苗。

基因工程的诞生

基因工程诞生于20世纪70年代。自1977年科研人员成功地用大肠杆菌生产生长激素释放抑制因子以来，人胰岛素、人生长激素、胸腺素、干扰素、尿激酶、肝炎病毒疫菌、口蹄疫疫菌、腹泻疫菌和肿瘤坏死因子等数十种基因工程产品相继问世；1982年开始基因工程产品进入商品市场，在医疗保健和家畜疾病防治中得到了广泛应用，并已取得或正在取得巨大的效果和收益。

基因工程意义重大

基因工程可以绕过远缘有性杂交的困难，使基因在微生物、植物、动物之间交流，迅速并定向地获得人类需要的新生物类型。概括地讲，其意义体现在以下三个方面：大规模生产生物分子；设计构建新物种；搜集、分离、鉴定生物信息资源。改良植物的品种，通过器官或骨髓移植去医治心脏病、肾病或血癌病人。通过收集初生婴儿脐带之血去医治帕金森症、血癌病人。通过抽取DNA样本，确定在母腹中的婴儿是否有某些遗传性疾病，如地中海贫血症、色盲、唐氏综合征等。基因工程给传统生物技术带来了彻底的革新。

基因工程的特点是基因体外重组，即在离体条件下对DNA分子切割并将其与载体DNA分子连接，得到重组DNA。1977年，美国科学家首次用重组的人生长激素释放抑制因子基因生产人生长激素释放抑制因子获得成功。此后，基因重组技术在生产医药上重要的药物以及在农牧业育种等领域中取得了很多成果，预计下世纪在生产治疗心血管病、镇痛和清除血栓等药物方面基因重组技术将发挥更大的作用。

第3章 通信与军事

在古老的传说中就有了千里眼和顺风耳,或许这就是人们对通信的渴望。在今天,地球已不再感觉是茫茫无边,地球上人类间的距离已大大缩小。我们可以与大洋彼岸的亲朋好友畅所欲言,我们同时也可以在瞬间知晓世界各地的新闻事件。

战争给人们带来痛苦是无可非议的事实,爱好和平是每个人的心愿。军事建设是一项安邦定国的大计,军事力量的发展代表着一个国家的综合国力。作为拥有五千年历史的泱泱大国,是世界和平的保卫者;我们的军事实力在世界上有着举足轻重的地位。

电报——莫尔斯的神奇之举

电报是通信业务的一种，是最早使用电进行通信的方法。它利用电流（有线）或电磁波（无线）作载体，通过编码和相应的电处理技术实现人类远距离传输与交换信息的通信方式。电报通信是在1837年由美国人莫尔斯首先试验成功的。

莫尔斯发明电报机

在电报研制的过程中，莫尔斯拜著名的电磁学家亨利为师，从头开始学习电磁学知识。他买来了各种各样的实验仪器和电工工具，把自己原来的画室改为实验室，在未知的科学领域里夜以继日地钻研探索。从设计方案到绘制草图再到进行试验，莫尔斯经历了无数次的失败，失败的伤痛也曾让他有过绝望，他想过放弃研究，重操绘画的旧业。然而为了当初立下的誓言，莫尔斯选择坚持，他从失望中抬起头，一直向前艰难地行走。

莫尔斯认真而冷静地分析了失败的原因，他检查了设计思路，发现必须寻找新的方法来发送信号。1836年，莫尔斯终于找到了新方法。他在笔记本上记下了新的设计方案，具体的思路是：电流只要停止片刻，就会现出火花。有火花出现可以看成是一种符号，没有火花出现是另一种符号，没有火花的时间长度又是一种符号。这三种符号组合起来可代表字母和数字，就可以通过导线来传递文字了。

现在看起来这并非是什么难事，但莫尔斯却是世界上第一个想到用点、划和空白的组合来表示字母的人，这种奇思妙想实属难能可贵，这种用编码来传递信息的构想是伟大而卓越的!这样，只要发出两种电符号就可以传递信息，大大简化了设计和装置。莫尔斯的奇特构想，即著名的"莫尔斯电码"，是电信史上最早的编码，是电报发明史上的重大突破。

↑↓ 莫尔斯及其发明的电报机

莫尔斯在取得突破以后，继续投入到紧张的后续工作中去，把设想变为实用的装置，并且不断地加以改进。1844年5月24日，是世界电信史上光辉的一页。莫尔斯在美国国会大厅里，亲自按动电报机按键。随着一连串嘀嘀嗒嗒声响起，电文通过电线很快传到了数十千米外的巴尔的摩。他的助手准确无误地把电文译了出来。莫尔斯电报的成功轰动了美国、英国和世界其他各国，他的电报很快风靡全球。到19世纪后半叶，莫尔斯电报已经获得了广泛的应用。

身为画家的莫尔斯，凭借了丰富的想象力，不屈不挠的奋斗精神，实现了许多人梦寐以求的目标。

莫尔斯发明的电报通信的基本原理

把英文字母表中的字母、标点符号和空格按照出现的频度排序，然后用点和划的组合来代表这些字母、标点和空格，使频度最高的符号具有最短的点划组合；"点"对应于短的电脉冲信号，"划"对应于长的电脉冲信号；这些信号传给对方，接收机把短的电脉冲信号翻译成"点"，把长的电脉冲信号转换成"划"；译码员根据这些点划组合就可以译成英文字母，从而完成了通信任务。

↑较早的结婚电报

电报大事记

1837年，莫尔斯发明第一台电报机。

1844年，莫尔斯从华盛顿发出人类历史上的第一份长途电报。

1844年，电报正式用于公众通信。

1850年，世界上第一条海底电缆在英法两国间铺设成功。

1858年，横跨大西洋的海底电缆竣工。

1865年，国际电报联盟（ITU）正式成立。

1869年，《电报杂志》出版。

1901年，马可尼成功发送越洋无线电报，通报距离达到近2900千米。

1902年，英国与加拿大正式开通了越洋无线电通信电路。

1910年，美国的克鲁姆和霍瓦德发明了一种手动电传打字机。

1932年，"国际电报联盟"更名为"国际电信联盟"。

1968年，原"国际电报联盟"的成立日——5月17日定为"世界电信日"。

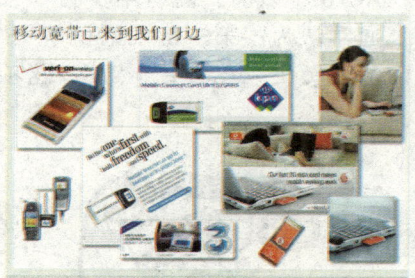

↑为了纪念原"国际电报联盟"的成立日，把5月17日定为"世界电信日"。

电报传真机

传真电报简称传真。使用传真可直接传送发报人文件、图形、表格、照片等。它之所以受到欢迎，主要在于通信速度快，操作简便。对方只需一台传真机就能接收与原样相同的复制件。其传输方式分直流电报和载波电传传输。若实施电报通信，一定不能缺少两部分设备：一是电报通信的终端设备，如人工电报机、电传打字机、自动发报机等；二为电报通信的传输设备，如通信线路、载波电报机、无线收发信机等。

↑性能优越的传真机

电话——实现电流传递声音的奇迹

认识大发明

电话是利用电信号的传输来互通语言的通信方式。发话方由送话器把声音转换成声频电信号，电信号送达对方后，经受话器转换成声音完成通话。

电话的发明与发展

电话的发明应该说并不是哪一个人的功劳，而是大批学者共同努力的结果。早在 1876 年以前，就有不少科学家从理论上对这种通信方式作了说明。但是，历史上通常认为：第一部电话机于 1876 年在美国投入使用，电话机的发明权应属于美国的亚历山大·贝尔。然而，这项伟大的发明却是在一次偶然"事故"的启发下诞生的。

↑贝尔发明的电话

1871 年，贝尔从苏格兰回到美国，任波士顿大学音响生理学教授。贝尔的父亲是著名的语言学家，是聋哑人手语的发明者。贝尔的妻子就曾是他的学生——一位耳聋的姑娘。贝尔在致力于研究声学和教授哑语之余，还潜心研制一种多路传输的电报系统。1875 年的一天，贝尔和他的助手华生分别在两个房间配合做一项实验，由于机件发生故障，华生看管的发报机上的一块铁片在电磁铁前不停地振动。这一振动产生的波动电流沿着导线传播，使邻室的一块铁片产生了同样的振动，振动发出的微弱声音被贝尔听到了，引起这位善于发现与思考的年轻人的极大注意，由此启发他产生了新奇的联想和构思。1875 年 6 月，贝尔和华生利用电磁感应原理，试制出世界上第一部传递声音的机器——磁电电话机，并于 1876 年 2 月 14 日向美国专利局递交了专利申请书，3 月 7 日，贝尔成为电话发明的专利人。

这种电话机的原理是：对着话筒说话，使话筒底部的金属膜片随声音而振动，膜片的振动带动一根磁性簧片随之振动，在电磁线圈中便产生了感应电流，电流经导线传至受话一方，使受话器上的膜片相应地振动，将话音还原出来。

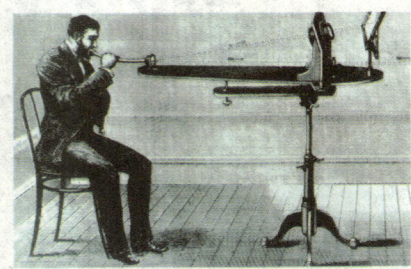

↑贝尔通过多次试验发明了电话。

然而，这台机器真正开始工作的那一天是 1876 年 3 月 10 日。当时，贝尔正在做实验，不小心把硫酸溅到脚上，他痛得不禁对着话筒向正在另一房间里的华生大叫："华生，快来帮帮

我!"不料,这一求助声竟成为世界上第一句由电话机传送的话音,华生从听筒里清晰地听到了贝尔的声音。

此后,发明大王爱迪生也投身于电话机的改良工作。1878年,他研制出碳精送话器,并获得了专利。他的这项发明使电话的性能大大提高。直至今日,我们的大部分电话机使用的仍是碳精送话器。最初的电话机身要自备电池和手摇发电机才能发出呼叫信号,它只能用作固定通话。1880—1890年间出现了一种"共电式电话机",可以共同使用电话局的电源。这项改进使电话结构大大简化了,而且使用方便,拿起电话便可呼叫。自动电话机是在共式电话机的基础上增加了一只小小的拨号盘,从此,人们就可以通过交换台任选通话对象了。

随着电子技术的飞速发展,现代的电话机不仅数量激增,品种和功能更是今非昔比。除传统的人工电话、自动电话外,还出现了许多特种电话。如能充当"值班秘书"的录音电话和书写电话,闻声见影的电视电话,信手拈来的无绳电话,随身携带的移动式电话。此外,还有"数字电话"、"口呼行动电话",甚至能使聋哑人通话的"聋人电话"也已试制成功。

电话的发明者另有其人

在2002年6月16日,美国发表决议声明梅乌奇是电话的发明者。

决议说:"众议院认为安东尼奥·梅乌奇的一生及其成就应该得到肯定。他在发明电话过程中的工作也应该得到承认。"

美国众议院的决议称,梅乌奇于1860年在纽约展示的名为teletrofono的机械已经具备了电话的功能,从而证明了电话的发明者应该是梅乌奇而不是贝尔。只是后来贝尔从各种渠道获取了梅乌奇的成果,才在16年之后申请了专利。

当时,梅乌奇曾愤而提起上诉,为此,梅乌奇准备了一纸上诉状,但为时已晚,他已经将近80岁,而且穷困潦倒,病魔缠身。当时最高法院同意以欺诈罪指控贝尔,但就在胜利的曙光就要显现时,他却于1889年带着遗憾离开了人世。

↑贝尔为人们展示他的发明(1892年)

↑现在随身携带的移动电话使用更加方便。

↑如今高科技的可视电话

手机——科技让你无处"遁形"

认识大发明

手机就是手提式电话机的简称,或称移动电话,香港地区也称行动电话,是一种便携式无线电话。

手机的问世

手机的发明者马丁·库帕是当时美国著名的摩托罗拉公司的工程技术人员。1973年4月的一天,他站在纽约街头,掏出一个约有两块砖头大的无线电话,正打给他在贝尔实验室工作的一位对手,这是世界上第一个移动电话,对方当时也在研制移动电话,但尚未成功。库帕后来回忆道:"我打电话对他说:'乔,我现在正在用一部便携式蜂窝电话跟你通话。'我听到听筒那头的'咬牙切齿'——虽然他已经保持了相当的礼貌。"这个当年科技人员之间的竞争产物现在已经遍及各地,给我们的现代生活带来了极大的便利。

由于手机摆脱了电话线的限制,很受人们的欢迎,可在当时手机的生产却遭到了限制,直到10年后这种通信设备才开始进行商业化的大规模生产。很快便风靡全球,库帕也因此被称为"手机之父"。

手机的发展

与现在形状接近的手机诞生于1987年。与"肩背电话"相比,它显得轻巧得多,而且容易携带。尽管如此,其重量仍有大约750克,与今天仅重60克的手机相比,像一块大砖头。

从那以后,手机的发展越来越迅速。1991年,手机的重量为250克左右;1996年秋,出现了体积为100立方厘米、重量100克的手机。此后又进一步小型化、轻型化。

此后,手机的"瘦身"越来越迅速。到1999年就轻到了60克以下。

除了质量和体积越来越小外,现代手机已经越来越像一把多功能的瑞士军刀了。除了最基本的通话功能外,新型的手机还可以用来收发邮件和短信息,可以上网、玩游戏、拍照,甚至可以看电影!这是最初的手机发明者所始料不及的。

在通信技术方面,现代手机也有着明显的进步。当库帕打世界第一通移动电话时,他可以使用任意的电磁频段。事实上,第一代模拟手机就

↑手机的发明者马丁·库帕

↓不同的手机样式

是靠频率的不同来区别用户的手机。第二代手机——GSM 系统则是靠极其微小的时差来区分用户。到了今天，频率资源已明显不足，手机用户也呈几何级数迅速增长。于是，更新的、靠编码的不同来区别不同手机的 CDMA 技术应运而生。应用这种技术的手机不但通话质量和保密性更好，还能减少辐射，可称得上是"绿色手机"。

手机发展的历史不仅代表着科技的进步，同时也是人类文明发展的见证，从模拟到 GSM、从 GSM 到 GPRS、从单频到双频、从英文菜单到中文输入、从语音到短信……手机发展的速度与日剧增。中文输入的出现在手机历史上，特别是中国的手机史上起着分界点的作用。手机每一项新功能的出现，都代表着科技的不断进步。

↑可手写的手机

↓时下流行的音乐手机

→开车时请勿使用手机。

手机造成的危害

移动电话的问世，给人们的工作和生活带来极大的方便，但同时也给人们蒙上一层电磁辐射的阴影。对于手机电磁波的危害，至今仍然是众说纷纭。

1. 手机会引发爆炸事故：如果手机用户在有较大挥发性气体的加油站附近拨打电话，加油站的某些设备就有可能和手机发出的电磁波产生简谐共振现象，这种共振现象产生的热量会使加油站的空气中所含的大量挥发性气体发生爆炸。

2. 车祸：在意大利，每年发生的车祸高达 22 万起，平均每年有 6500 人在车祸中丧生，25 万人终身残废。在肇事原因中，最主要的就是司机在驾驶车辆时使用手机。

3. 造成新型污染：据研究机构发表报告，手机的原料中含有多种有毒物质，如砷、镉、铅和阻热化学物。如果将废弃的手机和其他无线通信设备掩埋或送入焚烧炉，必将对环境造成污染。

4. 造成飞机失事：几乎所有的航空公司都作出了禁止旅客在飞机上使用手机的规定。在美国曾发生过一起因在飞机上接听手机导致飞机坠毁的事故。

火药——让人类更具有破坏力

认识大发明

火药是炸药的一类。可由火花、火焰或点火器材引燃，能在没有外界助燃剂的情况下进行迅速而有规律的燃烧，并放出大量气体和热量。

中国是最早发明火药的国家

众所周知，火药是我国古代的四大发明之一。最早记载火药配方和制造工艺的是北宋的曾公亮。他曾经任过宰相。他一生最大的建树是主编了《武经总要》。并在这部长达40卷的军事科学著作中，记载了三种火药配方。英国科学史学家李约瑟博士在《中国科技史》一书中对《武经总要》作了高度的评价。他说，这本书提及火药的配方，较所有其他文明国家的记录都要早。

日本兵器史学家马成甫在《火炮的起源及其流传》一书中，也指出《武经总要》的记录充分证明了中国是世界发明火药和首先使用火药的国家，它比欧洲至少早300年。

最早应用的黑色火药，俗称"火药"，因火药是武器发射的能源，故在军事上称为"发射药"。根据其化学成分和性质，分为黑色火药、单基药、双基药和高分子复合火药等。单基药主要用作引燃药或发射药。双基药和高分子复合火药可用于火箭和导弹，故称"火箭固体推进剂"。

↑↓火药的基本成分是硫磺和硝石。

火药的主要原料是木炭、硝石和硫磺。我国古代劳动人民很早就掌握了伐木烧炭的技术，约在公元元年前后，又在生产中发现了天然硫矿。西汉期间，硫磺、硝石都已有了相当数量的采集和应用。后来，在长期冶炼金属的实践中，逐步认识到硫磺的可燃性，硝石具有化金石的功能，不断积累了有关这些原料的性能知识，为火药的发明奠定了基础。

唐朝时，炼丹方士们找到了提炼硫磺、硝石、木炭的方法。他们夜以继日地炼丹，一心梦想着炼出长生不老的"仙丹"，没想到却炼出了有爆炸性的火药。火药发明后，立即得到了广泛的利用。

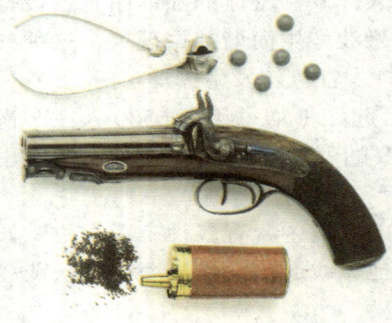

↑较早期的手枪里装的是火药制成的弹丸。

火药在古代的应用

火药发明之前，火攻是军事家常用的一种进攻手段。那时在火攻中，用了一种叫做火箭的武器，它是在箭头上绑一些像油脂、松香、硫磺之类的易燃物质，点燃后用弓射出去，用以烧毁敌人的阵地。火药发明之前，攻城守城常用一种抛石机抛掷石头和油脂火球来消灭敌人。

到了两宋时期火药武器发展很快。据《宋史·兵记》记载：公元970年兵部令史冯继升级火箭法，这种方法是在箭杆前端缚火药筒，点燃后利用火药燃烧向后喷出气体的反作用力把箭簇射出，这是世界上最早的喷射火器。

宋代由于战争不断，对火器的需求日益增加，宋神宗时设置了军器监，统管全国的军器制造。军器监雇用4万多工人，监下分10大作坊，生产火药和火药武器各为一个作坊，并占有很重要的地位。这些都促进了火药和火药兵器的发展。

南宋时出现了管状火器，1132年陈规发明了火枪。火枪是由长竹竿做成，先把火药装在竹竿内，作战时点燃火药喷向敌军。现代枪炮就是由管状火器逐步发展起来的。所以管状火器的发明是武器史上的又一大飞跃。

突火枪又被称为突火筒，可能它是由竹筒制造而得此名。在宋代守城时曾用过火筒，用以杀伤登上城头的敌人。到了元明之际，这种用竹筒制造的原始管状火器改用铜或铁，铸成大炮，称为"火铳"。

1332年的铜火铳，是世界上现存最早的有铭文的管状火器实物。

明代在作战火器方面，发明了多种"多发火箭"，这是世界上最早的多发齐射火箭，堪称是现代多管火箭炮的鼻祖。

火箭的发展，使人产生了利用火箭的推力飞上天空的愿望。根据史书的记载，14世纪末，明朝一位勇敢者万户坐在装有47个当时最大的火箭的椅子上，双手各持一个大风筝，试图借助火箭的推力和风筝的升力实现飞行的梦想。尽管这是一次失败的尝试，但万户被誉为利用火箭飞行的第一人。为了纪念万户，月球上的一个环行山以万户的名字命名。

↑ 晚清时期使用的火药武器——铜炮

↑ "我发明的这个动力装置不知道能不能飞上天空。"

现代烟花

↑夜空里火光四射的烟花礼炮

中国不仅是发明黑火药的国家，也是当今世界上最大的烟火生产国与出口国。中国的烟火行业不仅每年为国家创造了大量外汇，而且也以其精湛的烟火燃放技术，将具有中国特色的艺术烟花表演推向世界，并为国家赢得了许多荣誉。

烟火可分为高空礼花弹类，中低空盆花类，地面烟火类，架子烟花类及舞台烟火类等，品种繁多。

火药对人类的贡献

恩格斯曾高度评价了中国在火药发明中的首创作用："现在已经毫无疑义地证实了，火药是从中国经过印度传给阿拉伯人，又由阿拉伯人把火药武器一道经过西班牙传入欧洲。"火药的发明大大地推进了历史发展的进程，是欧洲文艺复兴的重要支柱之一。

龙文小百科　炸药之父——诺贝尔

诺贝尔的父亲是一位颇有才干的发明家，倾心于化学研究，尤其喜欢研究炸药。受父亲的影响，诺贝尔从小就表现出顽强勇敢的性格，他经常和父亲一起去试验炸药。

1862年夏天，他开始了对硝化甘油的研究。在一次进行炸药实验时发生了爆炸事件，实验室被炸得无影无踪，5个助手全部牺牲，连他最小的弟弟也未能幸免。这次惊人的爆炸事故，使诺贝尔的父亲受到了十分沉重的打击，没有多久就去世了。他的邻居们出于恐惧，也纷纷向政府控告诺贝尔，此后，政府不准诺贝尔再在市内进行试验。

诺贝尔百折不挠，他把实验室搬到市郊湖中的一艘船上继续实验。经过长期的研究，他终于发现了一种非常容易引起爆炸的物质——雷酸汞，并成功地解决了炸药的引爆问题，这就是雷管的发明。

之后，诺贝尔又发明了以硅藻土为吸收剂的安全炸药，这种被称为黄色炸药的安全炸药，在火烧和锤击下都表现出极大的安全性。这使人们对诺贝尔的炸药完全解除了疑虑，诺贝尔再度获得了信誉，炸药工业也很快获得了发展。

诺贝尔一生的发明极多，其中仅炸药就达129种，甚至在他生命的垂危之际，他仍念念不忘对新型炸药的研究。

手枪——最佳的突然开火的轻便武器

认识大发明

手枪是一种单手发射的短枪,它短小轻便,具有突然开火的特点,通常在 50 米内有良好的杀伤威力。手枪由于短小轻便,携带安全,能突然开火,一直被世界各国的军队和警察使用。

左轮手枪

手枪经过了约 500 年的漫长发展、改进、演变的过程,逐渐具备了现代手枪的结构和原理,现代手枪诞生的标志是左轮手枪和自动手枪的发明。

左轮手枪是转轮手枪的俗称,它是一种个人使用的多发装填非自动枪械。其主要特征是枪上装有一个转鼓式弹仓,内有 5~7 个弹巢(大多为 6 个),枪弹装在巢中,转动转轮,枪弹可逐发对准枪管。由于常见的转轮手枪在装弹时转轮由左摆出,因而又称左轮手枪。

世界上第一支具有实用价值的左轮手枪是由美国人塞缪尔·柯尔特在 1835 年发明的。在此之前,早在 16 世纪,在欧洲就曾出现过火绳式左轮扳手枪,后来又出现了燧发式转轮手枪。但是柯尔特以前的左轮手枪一是需用手拨动转轮,或是用手扳动击锤带动转轮到位,然后才能扣压扳机完成单动击发;二是枪弹的击发火得解决,所以它们应用不广。

而柯尔特发明的左轮手枪具有底火撞击式枪机和螺旋线膛枪管,使用锥形弹头的壳弹,并且扣动一下扳机即可联动完成转轮,待击发两步动作。这使左轮手枪第一次真正具有了良好的实用价值,得到了世界各国的广泛使用。虽然人们又对左轮手枪进行了一些改进,但它的基本结构和原理依然保持着柯尔特发明时的原样。所以柯尔特被称之为 "左轮手枪之父" 是当之无愧的。

手枪的发展

手枪出现的时代,说法大相径庭。一种说法是手枪出现在 1540 年,由意大利人造出了皮斯

↑ 早期的左轮手枪

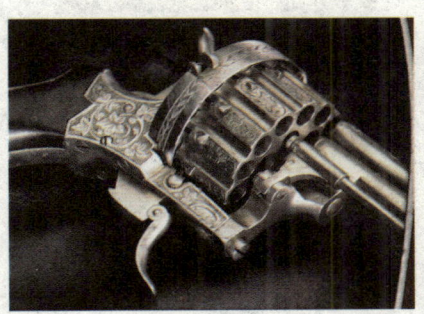
↑ 柯尔特发明的左轮手枪

↑ 被称为 "左轮手枪之父" 的塞缪尔·柯尔特

↑伯莱塔92系列自动手枪

托亚手枪。另一种说法是，1419年，胡斯信徒在反对西吉斯蒙德的战争中使用了一种哨声短枪，手枪因此而得名。

手枪应用于军事领域，可以追溯到16世纪中叶。1544年，德国骑兵在伦特战斗中，对法军使用了单手转轮打火枪。随后法国也出现了相同的手枪骑兵。金属弹壳发明后，击发式手枪便出现了，其首要标志是美国人伊桑·艾伦设计了胡椒盒手枪，即多管旋转的击发手枪。接着，英国和欧洲大陆也开始生产此类胡椒盒手枪。

1835年，美国军人柯尔特发明了装有底火撞击与线膛枪管的左轮手枪，这是第一支真正成功并得到广泛应用的左轮手枪。同年，史密斯·韦森研制出新型斯柯菲德11.43毫米左轮手枪。

1889年毛瑟手枪问世，确立了自动手枪的结构。1893年，德国制造了第一支实用的博尔夏特7.63毫米自动手枪。德国人卢格对该枪又进行了改进，这就是世界闻名的卢格手枪。在两次世界大战期间，自动手枪得到了很大的发展，出现了

↑M1911A1式手枪

→著名枪械设计师约翰·摩西·勃朗宁

许多结构新颖、性能优良的自动手枪，如美国的柯尔特M1911式及M1911A1式11.43毫米手枪，比利时的勃朗宁9毫米大威力手枪，意大利的伯莱塔M1934式9毫米手枪，奥地利的施泰尔9毫米手枪等。

著名的枪械设计师约翰·摩西·勃朗宁出生于美国一个颇有声望的军械世家，1897年后移居到比利时。勃朗宁曾根据博查德的发明设计了多种性能优良的手枪，其中某些类型的勃朗宁手枪至今仍在许多国家的军队中装备使用。

从19世纪末自动手枪出现到现在，尽管手枪特别是近代手枪在技术上并没有重大的突破，但仍得到了一定的发展，包括手枪自动原理和结构的改进与发展，而且手枪的口径也经历了一个由大到小，又由小到大的发展过程。

步枪——最佳的近战武器

认识大发明

步枪是步兵单人使用的长管枪械。主要用于发射枪弹杀伤有生力量,有效射程300~400米。同时步枪还可用刺刀、枪托进行格斗。

步枪的作用及特点

不同类型的步枪可以执行不同的战术使命。但步枪的主要作用是以其火力、枪刺和枪托杀伤目标。因此,在近战中,解决战斗的最后阶段,步枪起着重要的作用。

随着步枪的不断改进和发展,特别是它已经显示了的优越性:结构简单、重量小、使用和携带方便、适于大量生产、大量装备,使得步枪即使在今天的高技术战争中,仍成为军队中最普遍使用的近战武器。

步枪发展史

步枪的发展过程基本上与手枪类似,都经过火绳枪、燧发枪、前装枪、后装枪、线膛枪等几个阶段,以后又由非自动改进发展成为半自动和全自动步枪等。

实际上,步枪的起源,最早的记载是中国南宋时期出现的竹管突火枪,这是世界上最早的管形射击火器。随后,又发明了金属管形射击武器——火铳,到明代又有了更大的发展。

15世纪初,欧洲开始出现最原始的步枪,即火绳枪。到16世纪,由于点火装置的改进,火绳枪又被燧发枪取代。从16世纪至18世纪的300年间,囿于当时的技术条件,步枪都是前装枪,使用起来费时费事,极为麻烦。

到19世纪40年代,德国研制成功德莱赛击针后装枪,这是最早的机柄式步枪。这种枪的弹药即开始从枪管的后端装入并用击针发火,因此比以前的枪射速快4~5倍。但步枪的口径仍保持在15~18毫米之间。到19世纪60年代,大多数军队使用的步枪口径已经减小到11毫米。19世纪80年代,由于无烟火药在枪弹上的应用,以及加工技术的发展,步枪的口径大多减小,一般为6.5~8.0毫米,弹头的初速和密度也有提高。因此步枪的射程和精度得到了提高。

↑ 德军MP-44突击步枪

↑ AK-47突击步枪设计师米哈伊尔·卡拉什尼科夫参加AK-47突击步枪诞生60年纪念仪式。

19世纪末，步枪自动装置的研究即已开始。1908年，蒙德拉贡设计的6.5毫米半自动步枪首先装备墨西哥军队。第一次世界大战后，许多国家加紧对步枪自动装置的研制，先后出现了苏联的西蒙诺夫、法国的1918式、德国的伯格曼等半自动步枪。至第二次世界大战后期，各国出现的自动装置步枪性能更加优良。而中间型枪弹的出现，则导致了射速较高、枪身较短和重量较小的全自动步枪的研制成功，这种步枪也称为突击步枪，如德国的StG44式、苏联的AK－47式突击步枪等。

第二次世界大战后，针对枪型不一，弹种复杂所带来的作战、后勤供应和维修上的困难，各国不约而同地把武器系列化和弹药通用化作为轻武器发展的方向，并于20世纪50年代基本上完成了战后第一代步枪的换装。

以美国为首的北约各国于1953年年底正式采用美国T65式7.62×51毫米枪弹。并先后研制成了采用制式步枪弹的自动步枪。美国的M14式、比利时的FN FAL、联邦德国的G3式自动步枪就是这一种类的代表。

根据以往战争的经验、步枪的射程以及创伤弹道等问题的考虑，美国于1958年开始进行5.56毫米枪弹的小口径步枪的试验，从而导致了发射M193式5.56毫米枪弹的M16式小口径步枪的问世。该枪于1963年定型，经过越南战争后，又作了进一步改进，于1969年大量装备美国军队。鉴于这种步枪具有口径小、初速高、连发精度好、携弹量增加等优点，北约各国也都竞相发展小口径步枪，并出现了一系列SS109式5.56毫米枪弹的小口径步枪。

此后，北约绝大多数国家都完成了战后步枪的第二次换装。其中有些步枪还可根据作战需要，既可单发射击，又能连发射击，还可发射枪榴弹。法国的FAMAS5.56毫米步枪，就是这类步枪的典型代表。

近20年来，由于科学技术的飞速发展，也出现了一些性能和作用独特的步枪，如无壳弹步枪、液体发射药步枪、箭弹步枪、未来先进战斗步枪等，为步枪的发展开辟了新的途径。

↑士兵手中的FN FAL步枪

↓印第安人使用的燧石枪

↑美国军用的M14式7.62毫米自动步枪

坦克——陆战霸王

认识大发明

坦克是具有强大直射火力、高度越野机动性和坚固防护力的履带式装甲战斗车辆，它是地面作战的主要突击兵器和装甲兵的基本装备，主要用于与敌方坦克和其他装甲车辆作战，也可以压制、消灭反坦克武器，摧毁野战工事，歼灭有生力量。

疆场上的霸王——坦克

坦克的研制是从第一次世界大战开始的，当时为了突破敌方由壕沟、铁丝网、机枪火力点等组成的防御阵地，迫切需要一种集火力、机动力和防护力为一体的新式武器。于是，英国于1915年开始研制坦克，第二年就投入生产，并参与了1916年9月15日的对德作战。这种称为游民Ⅰ型的坦克靠履带行走，能驰骋疆场，越障跨壕，不怕枪弹，无所阻挡，很快就突破了德军防线，从此开辟了陆军机械化的新时代。从那时起到现在，世界上已经建造了十几万辆坦克，成为各国陆军、海军陆战队和空降兵的主战武器。

→二战时守卫勃兰登堡门的德国虎式坦克

↑苏联的JS-2重型坦克

↑JS-3重型坦克

←JS-1重型坦克

火力、机动力和防护力是现代坦克战斗力的三大要素。火力的强弱主要取决于坦克的观瞄系统、火炮威力和弹药的威力。现代坦克一般采用先进的计算机、红外、微光、夜视、热成像等设备对目标进行观察、瞄准和射击。

坦克炮可以发射穿甲、破甲、碎甲和榴弹等多种类型的炮弹，还可发射炮射导弹。不同类型的穿甲弹对目标的破坏程度有所不同，一般在2000米距离上能够穿透400毫米厚的装甲，在1000米距离上可穿透660毫米厚的装甲，在1000米以下破甲厚度可达700毫米。

英国"挑战者"2MK2型坦克

除具有较大的破坏威力外,坦克炮的命中精度也很高,2000米原地对固定目标射击命中率可达80%,1500米行进间对活动目标射击能达到60%以上。如果再配合使用激光半主动制导炮弹,命中精度还会大大提高。不难看出,坦克炮的命中精度和导弹相差不大,而且穿甲、破甲和碎甲威力大大优于导弹,所以各国主战坦克仍以火炮为主要攻击武器。

坦克的不同类型

坦克的类型主要分为战斗坦克和特种坦克。

战斗坦克分为:超轻型、轻型、中型、重型、超重型坦克(其中中型和重型是主战坦克)。

特种坦克分为:水陆、侦察、空降、指挥、架桥、扫雷、喷火、工程、抢救、防空、其他等坦克。

战场上的坦克可谓是摧枯拉朽

第3章 通信与军事 TONGXIN YU JUNSHI

探索人类文明发展进程

地雷——最隐秘的陆地武器

认识大发明

地雷是一种设置在地面或地下，受目标作用自行发火或由人操作发火的爆炸性武器。由雷体和引信组成。

地雷的起源

最早的地雷发源于中国。1130年，金军攻打陕州，宋军使用埋设于地面的"火药炮"（即铁壳地雷），给金军以重大杀伤而取胜。

到了明朝初年（14世纪时），中国出现了采用机械发火装置的真正的地雷。据1413年焦玉所著《火龙经》一书所载："炸炮制以生铁铸，空腹，放药杵实，入小竹筒，穿火线于内，外用长线穿火槽，择寇必由之路，连连数十埋入坑中，药槽通接钢轮，土掩，使贼不知，踏动发机，震起，铁块如飞，火焰冲天。"可以看出"炸炮"不仅是最早的压发地雷，还与今天的"连环雷"相似，"地雷"一词也由此而出。

1580年，中国明朝名将戚继光驻守蓟州时，曾制造了一种"钢轮发火"地雷，当敌人踏动机索时，钢轮转动与火石急剧摩擦发火，引爆地雷。钢轮发火装置提高了地雷发火时机的准确性和可靠性。在明代文献中，已有多种地雷的详细记载，这说明当时中国的地雷已发展到一定的水平，而欧洲在15世纪的要塞防御战中才开始出现地雷。

↑专门破坏坦克履带的反坦克地雷

↑具有防地雷功能的中型防地雷装甲车

反步兵和反坦克地雷

地雷是一种被动式较强的防御性作战兵器，通常布设于地面或下，用于毁伤人员、车辆的一种常规兵器。专门用来杀伤人员、马匹等有生力量和软目标的地雷称为反步兵地雷，它主要靠爆炸后的冲击波和破片来杀伤。反步兵地雷又分爆破型地雷和破片型地雷。

爆破型地雷一般埋在地下，人员或马匹踩压后爆炸，通过强大的冲击波来杀伤人员。破片型地雷通常布设在地面、草丛或灌木丛中，在距地面20厘米处设置绊发或拉发引信，人员通过时如果触及绊线就可引爆地雷。

地雷爆炸后利用散发出的破片或钢珠来杀伤人员等有生力量，有效杀伤距离可达80米。有的反步兵地雷在触发后可以跳起0.5~2米腾空爆炸，密集杀伤半径可以

↑民兵游击队在铁路上埋雷。

↑影片《地雷战》中的场景——埋雷

↓AT-2防坦克地雷

达到11~14米。美国的M83型蝴蝶雷可用飞机空投，杀伤半径15~20米，破片最远可以飞150~200米。

用来炸毁坦克、装甲车、汽车和自行火炮等装甲目标的地雷称为反坦克地雷。按照用途可以分为反履带地雷、反车底地雷和反侧甲地雷等。

反坦克地雷主要是炸毁坦克履带，破坏负重轮，使坦克丧失机动能力。这种地雷在第一次世界大战中就已经使用，二战以后，重量逐渐减轻，引信的引爆方式也有了很大改进。

现代反坦克地雷的重量只有5千克，多采用耐爆引信或复次压发引信。这种引信在受到炮弹、炸弹等冲击波震动和压迫时不会诱爆，只有在坦克和装甲车辆通过时才爆炸。有的还采用了全保险引信和自毁装置，己方兵力通过或踩压地雷时不爆炸，只有敌方坦克和装甲车辆通过时才爆炸。

地雷的布设与扫除

过去，布设地雷主要是使用工兵人工布设，速度较慢，一般构筑一个1平方千米的雷区需要5个多小时。为适应现代战争需要，地雷的布设多采用机械布雷车、火箭炮或火炮大面积快速布雷器材，以及直升机等空中布雷技术。这种布雷方式可以实现攻势布雷。在最需要的时间和地点及时布设地雷，阻止敌人的进攻，或对其进行封锁，或进行大纵深机动布雷，使之首尾难顾，进退维谷。

美军M270式12管火箭炮一次齐射，可布撒336枚地雷，能在40千米范围内布设一个1000×400米的反坦克雷区。采用AT-2型反坦克布雷火箭弹，弹重257千克，射程40千米，战斗部内装有28枚小地雷，可击穿140毫米厚的坦克腹部装甲。如果使用直升机布雷，每出动一个架次，便可布放100×40米的雷区，连续出动30架次，便可布设2000×40米的雷区，每1平方米平均布雷密度0.06个。由3架直升机组成的一个空中布雷小队，一个航次可布设3600枚反坦克地雷，构筑起一个18平方千米的雷区，布雷密度每平方千米200枚。

地雷布设容易，但扫除很难，一旦布放便后患无穷。过去主要是靠工兵进行人工扫雷，二战以后多采用机械扫雷器材扫除地雷。机械扫雷主要使用辊压、犁刀、锤击等方式将地雷引爆或清除。比较新的扫雷方式是爆炸式扫雷和用火力来开辟雷区通道。爆炸式扫雷最典型的是英军的L3A1大腹蛇，它用一枚组合火箭作动力，带动长达229米的大腹蛇状爆炸带，内装1500千克炸药，能在反坦克雷场中开辟出长 180~190 米、宽 7~8 米的一条通道，扫雷率为 80%~90%。火力扫雷主要是用重磅炸弹、燃料空气炸弹和火箭弹，利用其爆炸后所产生的压力来压发地雷。燃料空气弹扫雷系统装载在 LVTP-7A 装甲车上，一次可以发射 21 枚燃料空气弹，爆炸后能在 80 秒内清除纵深 300 米的雷场。

现代雷种和先进的布雷技术

19 世纪中叶以后，各种烈性炸药和引爆技术的出现，才使地雷向制式化和多样化发展，从而诞生了现代地雷，可分以下几种类型：

防步兵地雷：1903 年前后由俄国研制。这是最早的制式化生产的地雷，在日俄战争中首次实战应用，取得了一定效果。

防坦克地雷：1918 年由德国人研制。1916 年，坦克出现在第一次世界大战的战场上，这导致了防坦克地雷的诞生。受坦克威胁最大的德国人在 1918 年将炮弹改装成防坦克地雷，随后又研制了两种制式化的防坦克地雷，用于对付英、法军的坦克，获得了一定的战果。在第二次世界大战中，防坦克地雷得到了广泛应用。据统计，在当时被毁伤的坦克中，有 20% 是坦克地雷的战绩。

→ 大黄蜂地雷是陆军的第一代灵巧自主式顶部攻击弹药。

→ 正在布雷的美军

防步兵跳雷：1938 年前后由德国人发明，该雷由绊线绊发，目标触雷后，雷体跳起在距地面 0.5 米的空中爆炸，它的杀伤威力比在地表或地表下爆炸的同等地雷要大。

火箭布雷系统：1970 年火箭布雷系统由联邦德国研制成功。为了迅速而大面积地布雷，德军和意军在第二次世界大战中在非洲使用飞机撒布防步兵地雷。60 年代，一些国家着手研制用飞机，火炮和火箭撒布反坦克地雷，德国的火箭布雷系统使用"拉尔斯"轻型车载式 36 管火翻腾炮，一次可发射 36 枚 110 毫米火箭布雷弹，每枚弹由装有 8 个 AT-1 型炸履带防坦克地雷或 5 个 AT-2 型聚能破甲防坦克地雷。一门火箭炮在 18 秒内可散布 288 个 AT-1 型或 180 个 AT-2 型地雷。一个 6 门制火箭炮连，一次齐射即可构成宽 2300 米，纵深为 300 米，面积为 6900 平方米的雷场。继联邦德国之后，苏、美、中、法等国也相继研制成功了这种火箭布雷系统。

航空母舰——海上巨无霸

认识大发明

航空母舰是一种以舰载机为主要作战武器并作为其海上活动基地的大型军舰。它攻防兼备,作战能力强,能执行多种战役战术任务,具有很强的威慑力,因而倍受世界海军的器重。

航空母舰是一支强大的具有高度机动性的国防和军事力量。它的存在和出现本身就是一种威慑。由于全世界大面积的海洋都属于公海,因此给了航空母舰很大的活动天地。

航空母舰的初创

在军舰上搭载飞机的初衷,是想用飞机执行侦察任务。美国飞行员尤金·伊利于1910年11月14日驾机从"伯明翰"号轻巡洋舰起飞,2个月后又在"宾夕法尼亚"号重巡洋舰上实行了降落。

英国海军不甘落后,在1912年年底进行了将轻巡洋舰改装成水上飞机母舰的实践,1914年还将一艘运煤船改建成"皇家方舟"号水上飞机母舰。之后又几次三番地改造"暴怒"号,不断摸索飞机直接从舰上起降时飞行甲板和上层建筑的最佳布局,并在1918年9月建成一艘由客船改建的具有全通式飞行甲板的"百眼巨人"号。英国人的得意之作是1917年4月就开始着手设计的"竞技神"号,这是世界上第一艘从一开始就按航空母舰设计建造的军舰。

↑庞大的航空母舰为战斗机提供了海上栖息地。

美国人到1922年2月才将运煤船"木星"号改建成"兰利"号航空母舰。而日本海军却捷足先登,于1922年12月建成的"凤翔"号,由于它是改装的,并赶在"竞技神"之前服役,

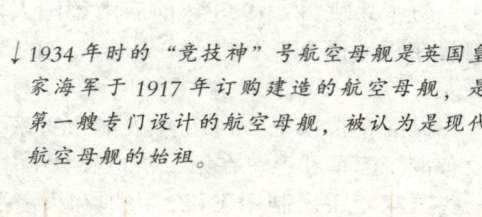
↓1934年时的"竞技神"号航空母舰是英国皇家海军1917年订购建造的航空母舰,是第一艘专门设计的航空母舰,被认为是现代航空母舰的始祖。

因此它被认为是世界上专门设计建造的第一艘航空母舰。这一时期,可以说是航空母舰的初创阶段。

←日本"凤翔"号航空母舰是现代第一艘航空母舰。

各国争相改造航空母舰

1922年初,华盛顿海军裁军会议签约,协定除对各国航空母舰总吨位的限额作了分配外,还给航空母舰第一次正式下定义。当时把标准排水量在1万吨至2.7万吨,为装载和起降飞机的专门目的而建造的军舰定义为航空母舰。根据条约规定的特别条款,美国把在建的2艘战列舰改建成了"列克星敦"号和"萨拉托加"号航空母舰;日本改建成了"赤城"号和"加贺"号;英国改建成了"勇敢"号、"光荣"号,并对"暴怒"号进行了翻新大改装;法国则改建了"贝亚恩"号。20世纪20年代是航空母舰的改建阶段。

20世纪30年代,美国建成了"突击者"号等共5艘航空母舰,并着手埃塞克斯级的研制;英国于1935年3月开工建造该舰的改进型"光辉"级;日本又相继建成了"龙骧"号、"苍龙"号、"飞龙"号,并开工建造"翔鹤"号和"瑞鹤"号。这一时期是航空母舰的发展阶段。

二战中的航空母舰

在第二次世界大战中,航空母舰大显身手,它宣告了"大舰巨炮"主义的破灭,一举取代了战列舰,确立了自己在舰队中的霸主地位。

航空母舰作战有三个迥然不同的阶段。第一阶段,航空母舰及其舰载机是从属于战舰的,其基本任务是保护战斗舰免遭攻击,起着舰队的眼睛和大炮火力延伸的作用。英国"光辉"号航空母舰空袭塔兰托港,表明了航空母舰战术的重大改变。在第二阶段,由于日本航空母舰成功地袭击了珍珠港,使美国海军损失惨重,但美国却顺应形势,果断、快速发展航空母舰,舰队作战从属于航空母舰的要求。珊瑚海海战、中途岛海战和战争中期其他一些海空作战都是按此原则进行的。第三阶段,美国航空母舰在歼灭了日本舰队之后,又频频空袭日本本土,快速航空母舰不仅主宰海洋,同时也成了伸向陆地的手段。

战争期间,作战双方都竭尽全力,开始了规模空前的建造航空母舰大竞赛,共建成170余艘。

航空母舰的改进

二战结束后,航空母舰的数量发展暂处低潮,但在质的提高方面却进入了一个新的阶段。喷气机、核武器和导弹技术对航空母舰的战斗力注入了新的活力,又对航空母舰的生命力提出了挑战。

高性能舰载机需要航空母舰为其提供更大的起降场地和更完善的支援保障,美国凭借它的强大经济实力,决定发展一艘能够执行多种任务的重型航空母舰。福莱斯特是专为装备喷气机而设计的,并为改善适航性,首次采用了封闭式舰首,设有斜角甲板,4台蒸汽弹射器和4台升降机,从而形成了现代美国航空母舰的基本样式。以该级为基础,20世纪60年代除了派生出小鹰级4艘外,还发展了世界上第一艘核动力航空母舰"企业"号。

"企业"号的服役使航空母舰的发展进入一个新纪元。随后,美国着手建造目前世界上吨位最大、载机最多、现代化程度最高的"尼米兹"级核动力航空母舰,并逐步取代常规动力航空母舰。

各国航空母舰的相继发展

尽管弹道导弹核潜艇使航空母舰的战略地位下降,但美国海军认为,多用途攻击型航空母舰由于具有强大的攻防能力和快速反应能力,因而仍是进行常规战争或局部战争的核心武器,是实现其全球战略和保持海上优势的重要力量。作为当前的主力舰只,"尼米兹"级的主要任务是夺取并保持制海权和作战海域的制空权,对海上和陆上目标实施攻击,封锁海区,保卫海上交通线,支援两栖登陆作战,以及炫耀武力,实施威慑等。

英国限于经济实力,一方面把二战期间未建成的航空母舰继续完工,自己用几艘较精锐的,另一方面把精简下来的多余航空母舰卖给荷兰、加拿大、澳大利亚、巴西、阿根廷、印度等国,使得战后形成一次航空母舰大扩散。英国新建的航空母舰数量虽少,但在此时期对现代航空母舰的关键技术却做出了重大贡献,这就是斜角甲板、蒸汽弹射器、助降镜、垂直起降飞机、滑跃起飞等技术。

↑ "企业"号航母是世界上第一艘核动力航母,标准排水量757000吨,满载排水量93970吨,舰体总长3423米,航速33节,载机78架,当时单舰造价4.5亿美元。

第3章 通信与军事 TONGXIN YU JUNSHI

探索人类文明发展进程

1975年英国批准了鹞式飞机派生为"海鹞"舰载机的计划。"海鹞"能垂直、短距起降，这样可缩短飞行甲板长度，并省去笨重复杂的弹射器和拦阻装置，从而可以大幅度地缩小母舰的尺度。到20世纪70年代后期，英国一共新建了3艘无敌级轻型航空母舰。该级舰标准排水量控制在2万吨范围内，造价只为"尼米兹"级的1/10。"海鹞"垂直、短距起降舰载机的研制成功，也为意大利和西班牙效仿发展此种轻型航空母舰开辟了一条新路。

"无敌"级的主要使命是反潜，其次是在特混编队中作为指挥舰，协调编队中各舰艇战斗，或用于协助岸基飞机支援特混编队；此外，该级舰还具有一定的为特混编队提供区域防空的能力。

↓1989年1月，"无敌"号完成了为期27个月的现代化改装，改装了滑跳跑道，使升角达到12度，增加了飞机停放空间和支援设施，使载机量至少达到21架（"海鹞"及"海王"空中早期预警和反潜直升机）。

在美国航空母舰的两种风格中，法国根据自己的海军战略，坚持发展中型航空母舰，并向核动力方向发展，到20世纪末"戴高乐"号建成时，法国将成为继美国之后，世界上第二个拥有核动力航空母舰的国家。

苏联在20世纪60年代相继建造了2艘"莫斯科"级直升机母舰，主要任务是反潜。到了20世纪70年代，它又开始建造4艘装备各种导弹和反潜直升机、垂直起降飞机的"基辅"级航空母舰，用于担负反潜和防空任务。1991年建成服役的"库兹涅佐夫"号则是"基辅"级的改进型，它装备了比大型巡洋舰还要强的对空、对舰火力，目的是为了减少航空母舰自身对护航、警戒舰艇的依赖，所以，俄罗斯海军并不称其为航空母舰，而把它们称作重型载机巡洋舰。它们的主要任务是进行海上作战，夺取局部制海权。从而使俄罗斯航空母舰在世界航母大家族中独具特色，形成了自己的风格。

鱼雷——击沉舰船的主要力量

认识大发明

鱼雷是能自航、自控、自导或通过线导导向攻击目标的水中武器。由雷头、雷身和雷尾组成。鱼雷一般是由舰艇、岸基发射台发射或由飞机、直升机投放,主要用于攻击大中型水面舰船和潜艇。按动力分为热动力鱼雷和电动鱼雷;按制导方式分为自控鱼雷、自导鱼雷和线导鱼雷;按攻击对象分为反潜鱼雷和反舰鱼雷。

水中利器——鱼雷

鱼雷是海战中使用的水中武器。现在的鱼雷,发射后可自己控制航行方向和深度,遇到舰船,只要一接触就可能爆炸。它具有航行速度快、航程远、隐蔽性好、命中率高和破坏性大的特点。它的攻击目标主要是战舰和潜水艇,也可以用于封锁港口和狭窄水道。

↑MK46 Mod 5型鱼雷发射瞬间

鱼雷雷身状似柱形,头部呈半圆形,以避免航行时阻力太大。它的前部为雷头,装有炸药和引信;中部为雷身,装有导航及控制装置;后部为鱼尾,装有发动机和推进器等动力装置。鱼雷的动力系统能源分别为燃气和电力等。

鱼雷的类型

根据不同的需要,鱼雷分为大、中、小三种类型。直径为533毫米以上的为大型鱼雷,直径在400～450毫米之间的为中型鱼雷,直径为324毫米以下的为小型鱼雷。鱼雷主要用舰船携带,必要时也可以用飞机携带。在港口和狭窄水道两岸,也可以从岸上发射。鱼雷在水中航行的速度为70～90千米/时。

鱼雷的战斗力

鱼雷的破坏力很大,它在水中爆炸后主要破坏舰艇的水中部位,也就是舰艇的能源、动力和弹药舱,可使舰艇沉没或失去战斗力。在第一次世界大战中,各国被鱼雷击沉的舰船达1153万吨,占被击沉舰船总吨位的89%;在第二次世界大战中,被鱼雷击沉的舰船有1445万吨,占被击沉舰船总吨位的68%。

目前世界各国都非常重视鱼雷的研究、改进和制造,目的是使鱼雷更轻便,进一步提高命中率、爆炸力和捕捉目标的能力。

↑存储和装卸中的鱼雷

雷达——最神奇的"眼睛"

认识大发明

"雷达"是英文缩略词 radar 的音译，它号称"千里眼"。利用电磁波探测目标并测定其位置、速度和其他特征的电子设备。主要由定时器、发射机、天线、接收机、终端显示设备和电源组成。目标的距离可通过电磁波从雷达到目标，然后经目标反射回雷达的传播时间来确定。

雷达的发明和广泛应用

雷达是人类在 20 世纪电子工程领域的一项重大发明。雷达的出现为人类在许多领域引入了现代科技手段。

能够突破雷达防御的美国 B2 隐形轰炸机

1935 年 2 月 25 日，英国人为了防御敌机对本土的攻击，开始了第一次实用雷达实验。当时使用的媒体是由 BBC 广播站发射的 50 米波长的常规无线电波，在一个事先装有接收设备的货车里，科研人员在显示器上看到了由飞机反射回来的无线电信号的回波，于是雷达诞生了。

雷达是一种利用极短的无线电波进行控测的装置。它可以测定目标的方向、距离、大小等。世界上第一部雷达是由英国人沃特森·瓦特于 1935 年发明的。当时这部雷达能在 12 千米距离上发现飞行着的飞机。后来经过改进，雷达更加完善，作用更大，探测距离也更远。在现代社会，雷达被广泛应用在军事、天文、气象、航海、航空等方面。

20 世纪各年代的雷达技术

雷达作为一种高科技电子武器，其发展决定于电子技术、作战需求和经费投入三种因素。

第二次世界大战，由于战争的需要，交战双方都集中了大量的人力、物力、财力发展自己的雷达技术。雷达技术的发展，已作为衡量一个国家科技水平、军事实力的重要标志。

由于雷达在二次世界大战的辉煌战绩，战后各军事强国都加速发展自己的雷达技术，且把军用推广到民用领域。

↑远程搜索雷达

↑在现代社会，雷达被广泛应用于军事、天文、气象、航海和航空等领域。

↓雷达诞生于民间，发展于军事，服务于国民经济建设各个方面，已成为不可缺少的现代化工具。

20世纪30年代，出现了高功率、微波谐振腔磁控管，这一成就具有突破性，从而为早期的L~X波段微波雷达奠定了技术基础。

40年代，宽频带、窄波束的微波雷达成为军用雷达的主角，一些关键技术及理论成熟，为以后的雷达技术发展打下了良好基础。

50年代，面对着高速喷气式战斗机入侵和低空突防的威胁，以及需要防范洲际导弹的袭击，对远距离、高分辨率、高测量精度的新一代雷达提出了需求。

60年代，单脉冲雷达研制成功，雷达在现代化战争中易受干扰的弊端开始显现，其生存能力和快速反应能力开始提到议事日程，加速了频率分集、自适应天线等研究。

70年代，随着大规模集成电路以及微电子技术的迅速发展，机载脉冲多普勒雷达、人造卫星与宇宙飞船装载的合成孔径雷达、微波固态相控雷达相继问世，对雷达技术发展起了划时代的作用。

现代雷达的特点

1. 功能综合化。多功能是指集搜索、跟踪、数据传递、武器控制于一体，并与机载雷达密切配合，真正实现在威胁环境中快速反应。

2. 网络化。人类社会正在进入网络社会，战争的模式正在从"平台中心战"走向"网络中心战"。雷达的网络化将大大提高战场信息感知的效能，同时大大提高雷达的反侦察、抗干扰、反隐身、反低空突袭的能力。

3. 隐身化。除了武器平台隐身以外，军用雷达本身也向隐身化方向发展。它解决了长期困扰雷达界的三大难题，即反侦察、反隐身、反辐射导弹。

4. 超视距和空间化。传统平台装载的微波雷达受地球曲率的影响，无法探测到视距以外的目标。超视距雷达就可发现视距的3~5倍甚至更远的距离。

5. "雷达和武器一体化"。也称为雷达武器，它既有雷达探测和跟踪目标的功能，又有杀伤或破坏的武器功能。

导弹——最常见的毁灭性武器

认识大发明

导弹是一种依靠自身动力装置推进、由制导系统导引、控制其飞行路线并导向目标的武器。导弹通常是由弹头、制导、推进、弹体结构和弹上电源等五个分系统构成的。它可实施远距离高精度打击，承担各种战略、战术进攻和防御任务，是现代战争和高科技的产物。

现代战争的利器——导弹

在1944年的伦敦大轰炸中，导弹作为一种超远程、高精度的空间兵器，首次走进世界兵器王国。导弹的出现标志着进攻性兵器的一次革命。它不仅突破了诸如飞机、坦克等传统型进攻兵器的局限，而且突破了传统战场时间与空间、前方与后方的局限，从而成为当今和未来战场上天外飞来的"达摩克利斯之剑"。

虽然雏形的导弹已经存在了几个世纪，但直到第二次世界大战才出现了可以作为有效战争工具的现代导弹。这些导弹使人们产生了巨大的恐惧感，显示出了现代武器强大的破坏力。

现有导弹种类多样，有可随身携带、射程为几百米的手提式反装甲导弹，也有发射时重量约为10吨、可运载多枚核弹头、射程可超过1万千米的导弹。

导弹的特点

导弹是一种无人驾驶、自推进、自我独立、无法收回、制导或非制导的运载工具，用于运载武器或其他负荷。其特点有：

无人驾驶：导弹是无人驾驶的运载工具，可利用自主或遥控指令为其全部航程或部分航程导航，以此减少导航人员面临的风险，同时也减少了用飞机运载负荷给机组人员带来的风险。

速度快：大多数导弹飞行速度都很快，可短时间飞抵目标。弹道导弹速度最快，极限速度可达每秒4~7千米。

←苏联研制的萨姆—2低空导弹是第一代全天候中程、高空地空导弹。

↑ "飞毛腿"导弹（右）和萨姆-6

突破力强：无论是设计精密还是粗略，鉴于其截面小、终点速度高，弹道导弹可避开空防和防空以及现有的一些反导弹防御系统。先进的弹道导弹可装备多个独立瞄准的再入运载工具或末端导航装置以及假目标，这进一步增强了它们的突破能力。

精确度：导弹的精确度即为其径向偏差概率。径向概率偏差是一个圆（以目标为中心）的半径，向目标发射的所有导弹中预期有50%在该半径内着落。径向概率偏差越小，导弹便越精确。装备精密制导武器的战斗机和对地攻击机的精确度可大大高于大多数弹道导弹。

防御拦截能力：地对空导弹依靠速度和精确度拦截高空或低空飞行的飞机。有些导弹具有某种程度拦截入侵导弹的能力。

部署方法：有多种导弹部署方法以配合特定用途。可在固定地点、公路或铁路机动运输竖直发射车以及潜艇上部署弹道导弹。巡航导弹等非弹道导弹和其他防空区外发射的导弹可在地面、飞机上以及水面舰艇和潜艇上部署。

全天候能力：大多数飞机都依赖天气，而导弹则有所不同，许多导弹具有全天候能力，即便在发射点和目标区气象条件十分差的情况下也可使用。

日益严重的导弹问题

有关导弹方面的问题，日益受到人们的关注，导弹已成为大规模毁灭性武器，尤其是核武器的首选运载工具，导弹的这种特性无疑将给人类带来更大的灾难。关于导弹的问题已具有全球性意义。

许多类型的导弹以及导弹以外的各种工具都可用来载运大规模毁灭性武器。弹道导弹的数量和射程越来越大、技术日益先进、地理分布日益扩散，这些都被视为是导弹领域安全方面最主要的问题。一些国家关心的是使用巡航导弹和无人驾驶航空器来载运某些类型的大规模毁灭性武器的潜力。此外，一些国家越来越关心拥有导弹和大规模毁灭性武器能力的国家之间可能进行合作。人们对于故意或意外使用能够载运大规模毁灭性武器的导弹的关切在高度紧张的情况下变得尤为突出。

←洲际弹道导弹装载系统

火箭——人类飞往宇宙的载体

认识大发明

火箭是依靠火箭发动机产生的反作用力推进的飞行器。主要由箭体、推进系统和有效载荷等组成。

火箭的飞行原理

人类对飞行梦想一次次进行着尝试，而航天之梦实现的最原始依据就是火箭，火箭的飞行利用了动力学中的动量守恒原理，它不但能在空气中飞行，还可以在大气层外的真空中飞行，而且由于没有了空气阻力，在真空中的飞行性能更好。通过不断地尝试，人们逐渐认识到要想进入太空，只有借助于喷气推进的火箭。

现代火箭的原理实质上就是动量守恒定律。火箭内部装有燃料和氧化剂，它们经过输送泵进入燃烧室，燃烧生成的大量炽热的高压气体从喷嘴向后方连续喷射，喷射气体的反冲力就是火箭的推动力。气体不断地喷出，火箭不断地受到向前的推动力的作用，速度也随之增大，最终达到极点。由于火箭自备氧化剂和燃料，因而不需要空气提供推动力，所以可以在空气稀薄的高空或宇宙空间飞行。

漫长的火箭发展史

火箭的发明最早出现在中国。在中国古代的记载中，火箭的含义比较广泛，比如在电影电视中经常可以看到箭头点燃，靠弓弩发射的竹箭也被称为火箭，而真正的火箭是在火药出现后才发明的。

唐末到宋初火药武器开始使用，但由于其配方和制作方法还处于初级阶段，所以不足以作为推进的燃料。随着火药配方和制造技术的进步，12世纪初研制成功了固体火药，并把它用于制造火器和焰火烟花，在使用这些火器与烟花，特别是手持使用时，有人在这种启示下发明了新的火药玩具。

↑火箭内部结构示意图

↑搭乘火箭上太空已不再是遥不可及的梦想。

大约12世纪末到13世纪初出现的玩具"穿天猴"可以说是真正意义上利用反作用原理的火箭,将这种原理的火箭作为武器使用,具有相当的杀伤力,所以在战争中有人也开始频繁地使用它。

1128年南宋政权建立后,南宋、金和蒙古频繁交战,各方都使用了火器。1161年11月,金国侵略中原时,南宋军队第一次使用了火箭武器——"霹雳炮",重挫金军,这是人类历史上第一次在战场中使用火箭武器。

明代中国火箭发展进入了一个比较重要的时期,出现了很多种类的火箭,除了单级火箭,还发展了各种集束火箭、火箭弹和原始的多级火箭,并且对各种火箭的制造、应用、配备和发射剂原料配比及加工制造等都作了详尽的叙述。

火箭的发展有着漫长的历史,古今火箭在性能和结构复杂程度上相差极为悬殊,但原理却相同:依靠不断向后喷射燃气而前进。世界上公认,火箭是中国首先发明的。

明代发明的多级火箭与现代使用的集束式火箭和多级火箭原理上是一样的。

古代火箭主要用于作战,但已有人幻想利用它航天。现代火箭的产生和发展是建立在大量的理论和实验研究基础上的。由于液体燃料燃烧的理论和技术问题都比固体燃料简单,所以现代火箭是从液体火箭开始的。

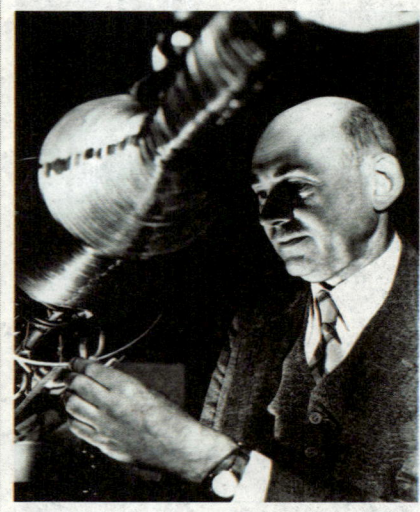

↑美国火箭之父——罗伯特·戈达德

龙文小百科　戈达德与世界上第一枚液体火箭

1926年3月16日,世界上第一枚长3.04米,向上飞高12米的液体火箭,从一个十分简陋的发射架上腾空飞起,落到56米外的一片菜地里,火箭飞行了2.5秒钟,它的制造者戈达德成为了美国火箭之父。

戈达德从小就善思好动。上小学时,电学对他来说就有极大的吸引力,虽然做过很多实验都失败了,但这些并没挫伤他那求知的心。在威尔斯的《月球上的第一批人》的启发下,他萌发了遨游太空的念头。他一边制作火箭,一边撰写了《达到极大高度的方法》专著,阐述了火箭运动的基本原理,并提出了用火箭把人送到月球的方案。

核武器——人类和平的恶敌

认识大发明

核武器是利用能自持进行的核裂变或聚变反应瞬时释放的能量，产生爆炸作用，具有大规模杀伤破坏效应的武器。核反应释放的能量比化学反应大几千万倍，反应过程在微秒级的时间内即可完成。

核武器发展

20世纪40~50年代研制的核武器，被称为第一代核武器。其特点是重量大，可靠性不高，主要由飞机携载，如原子弹、氢弹等。

60~70年代的核武器为第二代。这些核武器体积小，威力大，可靠性和安全性高，如中子弹。

80年代后开始研制第三代核武器，包括带金属小弹丸的小型核弹，核爆炸X射线激光武器，γ（伽马）射线弹，电磁脉冲弹，核爆炸微波武器等。

核武器的种类

1. 原子弹：是最普通的核武器，也是最早研制出的核武器。

2. 氢弹：是利用氢的同位素氘、氚等氢原子核的聚变反应，产生强烈爆炸的核武器，又称热核聚变武器。

3. 中子弹：又称弱冲击波强辐射工弹。在战场上，"对人不对物"是它的一大特点。

4. 电磁脉冲弹：利用核爆炸能量来加速核电磁脉冲效应的一种核弹。

5. γ（伽马）射线弹：爆炸后尽管各种效应不大，也不会使人立刻死去，但能造成放射性污染，迫使敌人离开。

6. 感生辐射弹：一种加强放射性污染的核武器。

7. 冲击波弹：一种小型的氢弹，采用了慢化吸收中子技术，减少了中子活化削弱辐射的作用。

8. 红汞核弹：它用红汞（氧化汞锑）作为中子源，由于不用原子弹作为中子源，所以体积和重量大大减少，一般小型的红汞核弹只有一个棒球大小，但当量可达万吨。

9. 三相弹：用中心的原子弹和外部铀-238反射层共同激发中间的热核材料聚变，以得到大于氢弹的效力。

↑威力巨大的核武器

↑氢弹爆炸

超强的核武器性能

1. 目标覆盖能力

核武器攻击敌方目标的覆盖能力，由其运载工具的射程或航程反映，射程或航程指标是根据本国战略核打击意图和技术水平提出的。

2. 毁伤能力

核武器对目标的毁伤能力由其爆炸威力、命中精度、目标特性、爆炸方式、毁伤作用因素等决定。

3. 突防能力

突防能力是进攻型核武器在敌方拦截下的生存能力，它与敌方使用的拦截手段有关。为提高突防能力，已采用一系列技术和手段：①加固技术。②减少目标被敌方发现、跟踪的概率等。

4. 生存能力

生存能力是指核武器在核环境下完成其发射、攻击任务的能力。

5. 可靠性

核武器系统的可靠性包括发射和飞行可靠性。

6. 作战灵活性

核武器的作战灵活性主要体现在：威力可调，爆高可调，同一型号导弹可使用不同种类的核弹头，具有选择和重新选定目标的能力，能迅速、实时变换攻击目标。

←原子弹的威力不可小觑

→核武器试验给人们的生活带来了严重的灾害。

核武器威胁人类生存

自人类发明核武器以来，在核威慑的保护伞下，人类战争非但没有减少，反而增加了。自1950年以来，地球上发生过20次灭绝人性的大屠杀，超过100万人死亡。美苏冷战结束后，人类面临的核威胁变得更加严重。据数据统计，目前全世界有31000多枚核武器，只要千分之一被人滥用，就足以导致人类末日提早来临。

原子弹——令世界离末日近些，再近些

认识大发明

原子弹也称"裂变武器"，是利用易裂变重原子核链式反应瞬间释放出巨大能量起杀伤破坏作用的武器。其主要由核装料构成的核部件、引爆控制系统、炸药部件、核点火部件和外壳等组成，威力为几百到几万吨梯恩梯当量。引爆控制系统起爆炸药，推动、压缩中子反射层和核装料，使处于次临界状态的核装料瞬间达到超临界状态，由核点火部件适时提供中子，触发链式裂变反应，形成猛烈爆炸。

↑↓人类战争中使用过的"小男孩"（下）和"胖子"（上）原子弹

战争魔头——原子弹

1939年10月，美国政府决定研制原子弹，1945年制造出3颗。1颗用于试验，两颗投在日本。1945年8月6日投到广岛的原子弹，代号为"小男孩"，重约4.1吨，威力不到20000吨。同年8月9日投到长崎的原子弹，代号为"胖子"，重达4.5吨，威力约20000吨。

其他国家爆炸第一颗原子弹的时间是：苏联——1949年8月29日；英国——1952年10月3日；法国——1960年2月13日；中国——1964年10月16日，印度——1974年5月18日。自1945年以来，原子弹技术不断发展，体积、重量显著减小，技术性能日益提高。此外，提高原子弹的突防和生存能力以及安全性能，也日益受到重视。

原子弹的类型

原子弹主要分为"枪式"和"收聚式"两种类型。

"枪式"原子弹将两块半球形的小于临界体积的裂物质分开一定距离放置，中子源位于中间。"收聚式"原子弹将普通烈性炸药制成球形装置，并把小于临界体积的核装药制成小球置于炸药球中。

现代原子弹综合了这两种引发机构，使核装药的利用率提高到80%左右，从而获得了极大的破坏力。

↑二战时，美国科学家西拉德（右）动员爱因斯坦（左）上书美国总统罗斯福，阐述了研制原子弹对美国安全的重要性。

各国相继研制出原子弹

二战期间，科学家西拉德为防止德国人抢先造出原子弹，动员著名科学家爱因斯坦上书美国总统罗斯福，阐述了研制原子弹对美国安全的重要性。

1941年12月6日（日本偷袭珍珠港的前一天），罗斯福才批准了美国科学研究发展局全力研制原子弹。

1942年8月，美国制定了研制原子弹的"曼哈顿计划"。

1943年7月，美国成立原子弹研究所。

1945年3月，美国成立了秘密的原子能委员会。

1945年7月16日，在新墨西哥州的阿拉莫可德沙漠中进行了世界上第一颗原子弹的成功爆炸试验。

1945年8月6日和9日，美国向日本广岛、长崎分别投放了原子弹。

1949年，苏联研制成功原子弹，英国、法国分别于1952年和1960年爆炸了自己研制的原子弹，1964年，中国也拥有了原子弹。

原子弹必是人类的心腹之患

有史以来，人类第一次成功地模拟了恒星的燃烧方式。当第一颗原子弹被引爆的时候，300千米以外的人都看到了它眩目的光彩。这种光彩完全可以毁灭地球表面的一切生物。

原子弹曾以一声巨响干脆地结束了第二次世界大战，它同时促使人们进行全新的思索，自有人类文明史以来一直沿用的解决争端的办法已不能再继续下去。这是一个严峻的事实，在一颗人类共生的脆弱的星球上，如果试图毁灭别人，也将毁灭自己。

↑1941年12月7日，日本不宣而战，攻击美国夏威夷珍珠港军事基地。一天以后，美国总统罗斯福签下了对日本的宣战书。

←原子弹爆炸后形成的蘑菇云。

生化武器——最不人道的人类武器

认识大发明　生化武器包括生物武器和化学武器两种，它们都属于大规模杀伤性武器。

灾难性的生化武器

生化武器在战争史上造成过许多严重的环境灾难。

生化武器是一种特殊的大规模杀伤性武器，由生物战剂及其施放装置组成。生物战剂是战争中用来杀伤人员、牲畜和毁坏农作物的致病微生物组菌毒素，并有很强的传染性，具有污染范围广、危害时间长、传播途径多、不容易侦察等特点。

化学武器主要是化学毒剂，包括神经性毒剂、糜烂性毒剂、全身中毒性毒剂、失能性毒剂、窒息性和刺激性毒剂等，它们通过爆炸法、加热蒸发法、播撒法等散布方式，形成气溶胶状、蒸汽状、液滴状和微粉状物质，对人畜起着巨大的伤害作用。

↑工作人员正在寻找生化武器

历史的伤痕

第二次世界大战中，日军在中国实施细菌战长达12年之久，这些细菌武器污染土壤和地下水已经60多年。对居民和环境造成严重的危害。侵华日军在中国使用生物武器造成的环境恶果至今没有完全消除。

美军在越南战争中大量使用植物杀伤剂，毁灭森林和庄稼。在所有毁坏森林的落叶剂中后果最严重的是橙色剂，它内含二噁英，毒性非常大。因此越南农民把橙色剂袭击过的地方称作死亡地带。研究表明，二噁英这种致癌物质已进入当地的生态系统，对环境造成严重污染。

→电影《生化危机》讲的就是在未来世界，生化武器将人类变成丧尸的致命病毒肆虐，世界已成一片荒漠，到处是行尸走肉的丧尸，到处是黄沙漫天的荒寂，人类文明只能定格于荒漠之中那个曾经宣传延年益寿、美貌永存的虚伪标语之上的年代。

第4章 科学与技术

  科技的发展曾带动了社会的突飞猛进,在近代史上,蒸汽机的发明促进了第一次工业革命,改变了人类的劳动方式,从此人类进入了机械化时代。20世纪是一个辉煌的时代,科技的发展达到了前所未有的高峰,特别是新能源的开发,更是让人们领略到了科技的伟大。

  但是,在辉煌的科技成果背后却堆起了人类致命的垃圾堆,从白色恶魔废塑料、流动的城市杀手汽车,到超级污染源电池、令人恐怖的核辐射,等等。这一切让我们在短暂享受它们给人们带来的益处之后,却要用更长、更多的时间来遭受其害。

指南针——打开世界之门的指针

认识大发明

指南针是利用磁铁在地球磁场中的南北指极性而制成的一种指向仪器，有多种形体。指南针是中国古代四大发明之一。

指南针的发明

早在春秋时期，中国劳动人民就在采矿、冶炼中逐渐认识了磁石。到战国时期就有人用磁石做成器具来判定方向，当时叫"司南"。它是在一个无沿的方盘上放置一只水勺似的磁石，水勺的柄端向南指。到北宋后期中国人民创造了人工磁铁，又创制了"指南鱼"，把用磁钢片制成的"鱼"放在水面上，以此指示方向。后来经过反复研究改进，又把磁钢片改成细小的磁钢针，并使它的尖端成为磁北极，末端成为磁南极，这就成了指南针。

↑司南

指南针的传播

指南针发明以后，中国人民首先把它应用在航海事业上。南宋时，阿拉伯商人和波斯商人常搭乘中国的海船往来贸易，也学会了使用指南针。他们又把指南针传入欧洲。指南针的应用推动了欧洲的航海事业，很快就开始在全世界各个领域上使用指南针。

↑人们将指南针用于航海，引起了航海技术的重大变革。

指南针的作用

指南针的发明对社会发展起到了重要作用，不仅在中国古代军事、生产、日常生活中起过重要作用，而且对促进东西方文化的交流和世界的发展都有功绩。中国也是最早把指南针用于航海事业的国家，并把航海事业推进到了一个新的时代，促进了各国之间的经济贸易和文化交流。指南针传到世界各国以后，各国也都用指南针来帮助航海了。指南针技术传入欧洲后，推动了欧洲航海事业的发展。15世纪末到16世纪初，欧洲各国航海家纷纷将指南针用于航海，他们不断探险，开辟新航路，发现了美洲，完成了环绕地球的航行。马克思曾这样说过："指南针打开了世界市场，并建立了殖民地。"

↑罗盘是根据指南针发展而来的。

杂交水稻——为人类幸福生活带来福音

所谓杂交水稻，是由两个具有不同遗传特性的水稻品种或类型，一个做母本，一个做父本，经有性杂交以后而产生的一种新的杂合体。这种杂种的第一代，在生产优势、适应性及经济性等方面胜过母本和父本，这种现象称为杂交优势。

杂交技术的历史

杂交优势的利用，早在我国秦朝就有记载，生产上也有成功的应用。德国者克尔罗伊特于1776年首先在植物领域指出了不同种间的杂种优势。1866年，孟德尔根据豌豆试验，首次提出"杂种活力"一词；1876年，达尔文提出杂种优势是由于两性因素具有某种程度的分化所致；20世纪初，美国科学家沙尔提倡种植杂种玉米，1936—1945年间，在美国大力推广；我国自50年代起开始广泛推行杂交玉米、杂交高粱的品系选育和制种技术。

但是，水稻杂交育种方面的研究一直是薄弱环节。直到20世纪60年代，农业科技界仍然不敢想象能在生产中利用杂种优势，因为水稻是自花授粉作物，即雌雄同花，人工杂交制种困难。

杂交水稻的发明

袁隆平长期从事杂交水稻育种理论研究和制种技术实践。1964年他首先提出培育"不育系、保持系、恢复系"三系法利用水稻杂种优势的设想并进行科学实验。1970年，他与其助手李必湖和冯克珊在海南发现一株花粉败育的雄性不育野生稻，成为突破"三系"配套的关键。1972年他育成中国第一个大面积应用的水稻雄性不育系"二九南一号A"和相应的保持系"二九南一号B"，次年育成了第一个大面积推广的强优组合"南优二号"，并研究出整套制种技术。1986年他又提出杂交水稻育种分为"三系法品种间杂种优势利用、两系法亚种间杂种优势利用到一系法远缘杂种优势利用"的战略设想。因此袁隆平被赞誉为"杂交水稻之父"。

↑对科研一丝不苟的"杂交水稻之父"袁隆平

↑丰收季节里沉甸甸的杂交水稻

杂交水稻的传播

现在已有20多个国家引种杂交水稻，联合国粮农组织把在全球范围内推广杂交水稻技术作为一项战略计划，20世纪90年代以来专门立项支持在世界一些产稻国家发展杂交水稻。袁隆平受聘为联合国粮农组织的首席顾问，这些年他每年都出国指导，还派出了许多专家担任顾问，多次赴印度、越南、缅甸、孟加拉等国指导，并为这些国家培训技术专家。从1981年至1998年，湖南杂交水稻研究中心共举办了38期国际杂交水稻培训班，培训了来自15个以上国家的100多名科技人员。1998年，越南和印度杂交水稻种植面积已分别超过了10万公顷和20万公顷，并且取得了每公顷增产1~2吨的效果。杂交水稻在解决世界饥饿问题上正日益显示出强大的优势。

杂交水稻的伟大贡献

20世纪70年代，我国农业科技界的一项重大发明——杂交水稻，掀开了水稻生产史上崭新的一页，并使我国成为世界上第一个成功培育杂交水稻并大面积应用于生产的国家。以袁隆平为首所取得的该项成果于1981年获得了我国迄今为止唯一的国家特等发明奖。截止到1999年，我国已累计种植杂交水稻2亿多公顷，增产稻谷3000多亿千克。

杂交水稻的广泛种植大幅度提高了水稻产量，为解决我国十几亿人口的粮食自给难题做出了不可磨灭的贡献。杂交水稻不仅在生产上为大幅度提高水稻产量开辟了新途径，而且在学术上为自花授粉作物闯出了利用杂种优势的新路子，大大丰富了农作物遗传育种的理论与实践，成为人类水稻种植史上一次重大的飞跃。

↑ 亚优419号杂交水稻

↑ "杂交水稻之父"袁隆平不仅解决了中国的粮食问题，也给世界各国人民带来了福音。

龙文小百科 "杂交水稻之父"袁隆平

袁隆平，1930年9月7日生，中国工程院院士，现任国家杂交水稻工作技术中心暨湖南杂交水稻研究中心主任、湖南省政协副主席。袁隆平是中国研究杂交水稻的创始人，世界上成功利用水稻杂交优势的第一人。他于1964年开始从事杂交水稻研究，用9年的时间于1973年实现了三系配套，并选育了第一个在生产上大面积应用的强优高产杂交水稻组合——南优2号。为此，他于1981年荣获我国第一个国家特等发明奖，被国际上誉为"杂交水稻之父"。

袁隆平先后获得了联合国知识产权组织"杰出发明家"金质奖、联合国教科文组织"科学奖"、英国让克基金会"让克奖"、美国费因斯特基金会"拯救世界饥饿奖"、联合国粮农组织"粮食安全保障奖"、日本"日经亚洲大奖"、"先驱科学家奖"、"日本越光国际水稻奖"八项国际大奖。

显微镜——让微观世界不再神秘

显微镜是观察微小物体所用的仪器。显微镜分光学显微镜和电子显微镜,其中光学显微镜主要由一个金属筒和两组透镜构成,通常可以放大几百倍到几千倍。

人类对微观世界的研究

人类认识微观世界的历史是从放大镜开始的。19世纪中叶,光学显微镜的发明,导致了细胞的发现及细胞理论的建立,这是人类认识微观世界的一大突破。然而,准确的理论计算表明,无论光学显微镜的质量如何改善,其放大率只能达到1000～1500倍左右,分辨本领最多只能达到2000A。因此有必要发明一种更有效的工具,以满足人们观察微观世界的要求。

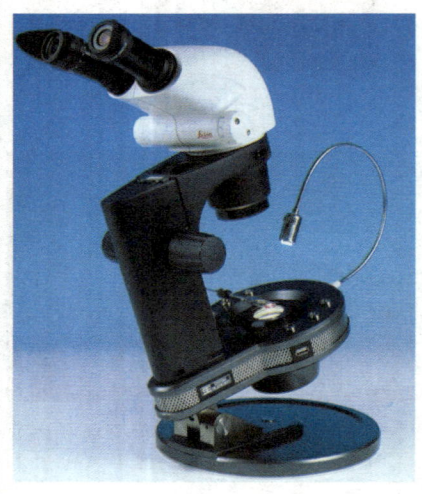

↑显微镜的发明大大扩充了人类的视野,是一项极其伟大的发明。

1932年,柏林工科大学高压实验室中的年轻研究员卢斯卡和克诺尔对阴极射线示波器作了一些改进,成功地得到了铜网的放大像。尽管得到的电子像放大率仅为12倍,但它真实有力地证明使用电子束和电子透镜(磁场透镜)可以制成与光学像相同的电视像。从此,电子显微法便被正式确立了。后来人们借助于先进的电子显微镜,对微观世界的认识已深入到了病毒和原子。

显微镜的发展

世界上第一台显微镜是荷兰人简森于1604年创制的。简森的显微镜仅仅是由两个凸透镜组成,放大的倍数只有10～30倍。虽然这种显微镜的生物学价值不太大,但这一成就却标志着对光学放大装置的研究已发展到了一个新水平。

1665年,英国物理学家罗伯特·胡克用放大40～140倍的复式显微镜观察了木栓组织的细胞壁,发现软木薄片上有许多蜂窝状小室,并绘制了木栓的显微图像,撰写出版了《显微镜图志》一书。

1677年,荷兰科学家列文虎克利用自制的显微镜观察了人和哺乳动物的精子,后来又陆续发现了红细胞和细菌等。

1695年,荷兰人惠更斯又创造了惠更斯目镜,使显微镜在许多国家风行一时。

←荷兰人简森是世界上第一台显微镜的创造者。

光纤技术——让传输变得更多姿多彩

认识大发明

光纤技术是一种以玻璃或塑胶纤维作为媒介，将信息从一端传送到另一端的传媒技术。

光纤媒介的发明

日常生活中我们观察光线总是沿直线传播的，没有人想到除了用镜子还有什么东西能让光线弯曲。1870年，英国物理学家廷德尔在实验中发现光线可以沿着水流传播，如果这股水流弯曲了，水流中的光线也随着"弯曲"。早在18世纪初，希腊一名玻璃工人就发现光不仅可以从玻璃细棒的一端迅速传到另一端，而且丝毫不向外界发散，像水在水管中快速流动一样。这种现象一经报道出来，就引起科学界的极大兴趣。

↑英国伦敦帝国学院的卡帕尼博士根据光的折射原理，发明了用玻璃制成的极细的光导纤维。

1955年，卡帕尼博士发明了具有实际意义的玻璃光纤，并由此产生了纤维光学这一新的学术领域。又过了几年，英国标准电讯实验室的高锟和他的同事们提出可以利用光导纤维进行远距离光信息传输。从此，光通信事业开始了它气势十足的发展历程。

军事领域的光纤应用

↑可以作为良好通信材料的光纤

1. 陆战场上的"网络神经"

光纤技术在军事通信领域愈来愈具有举足轻重的地位。无论是在战略和战术通信的远程系统、基地间通信的局域网，还是在卫星地球站、雷达等设施间的链路中光纤技术都起着无可替代的作用。

2. 构建大洋中的"信息高速公路"

光纤在海军方面最重要的一项应用就是建立舰艇载高速光纤网。现代化的舰艇装备有大量的通信、雷达、导航、传感器系统和武器指挥系统等电子设备,加上其他电气设备,产生的严重的电磁干扰、射频干扰等问题得到有效解决。

3. 智能结构更显神奇

光纤技术军事应用的研究和开发于20世纪80年代中期形成高潮。进入90年代,这些研究和开发活动得到了进一步的加强。目前,一些发达国家正在利用光纤来研制智能蒙皮和武器装备的智能结构。

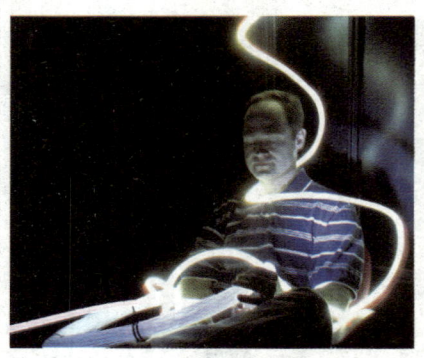

↑ 光纤的智能结构超级神奇,具有较强的抗毁性。

→ 光纤电缆

龙文小百科 全波光纤

全波光纤是一种匹配包层光纤,其在1310纳米与1550纳米波段的性能是完全一样的。但与传统的单模光纤相比,全波光纤具有下列不可比拟的优势。

1. 更多的波长

全波光纤除去了水峰损耗,开辟了以前不能利用的1350～1450纳米窗口,这使服务商可以用全波光纤提供高速数据服务,如多媒体、Internet和点播电视。

2. 对高速率传输有更长的非色散补偿距离

在1400纳米波段,全波光纤的色散只有常规光纤在1550纳米波段的一半以下,这可使信号无补偿传输距离增加1倍以上。

3. 一根光纤上同时存在多种服务

全波光纤可在光纤波段的一个区域传输模拟视频信号,同时在另一个波段传输高速率信息(可达10Gbit/s),而在另外一个波段传输低速率WDM信息。

4. 新的网络管理能力

不同的服务类型可以组合在一起,分配到某个最适合的波段。由管理系统为特定业务服务,好像它们运行在不同的光纤系统,实际却是一个光纤类型,这样很方便经济。

5. 低运行成本

全波光纤的高带宽增加了1400纳米的波长窗口,而只需一根光纤即可解决问题。

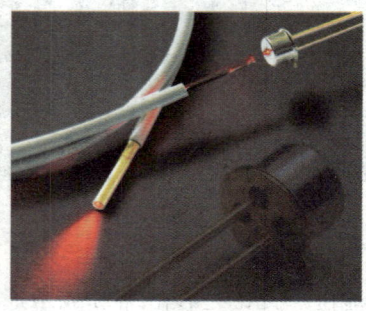

↑ 塑料光纤导光棒

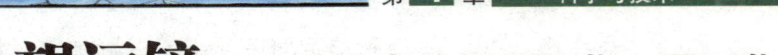

望远镜——让人类的视野远些，再远些

认识大发明

望远镜是用以观察远处物体的光学仪器。简单的一种构造是，在圆筒一端装一物镜，另一端插入可以自由伸缩的较小圆筒，小圆筒外端装一目镜。物镜利用光线折射和反射使之聚成物体的倒像，而由目镜加以放大，以便观察。

望远镜的发明

几千年来，人类用双眼观看这亘古浩瀚的星空，可惜肉眼所能观察到的现象及精确度实在有限。1608 年，一位荷兰的眼镜师傅发现利用两片透镜并调整透镜位置可以看清远方的景物，仿佛是把远方的景物拉到眼前来看一般，因而发明了望远镜。

天文望远镜的组成

一套完整的天文望远镜组合是由镜筒部、架台部和脚架部三部分所组成的。镜筒是收集天体的光、让我们可以观测天体的部分，有折射镜、反射镜和折反射镜三种；架台主要是用来承载镜筒部，可以灵活转动，让镜筒可以自由自在地观察各个方向的天体，有经纬台和赤道仪二种；脚架部是承载整组设备，让整组望远镜有一个稳定的支撑，有容易移动的三脚架、稳定性较佳的直柱脚架和固定式的基座脚架等三种。

不断发展的望远镜

第一个获得望远镜专利的人是荷兰光学仪器商汉斯·利珀希，他在 1608 年申请到了该项专利。

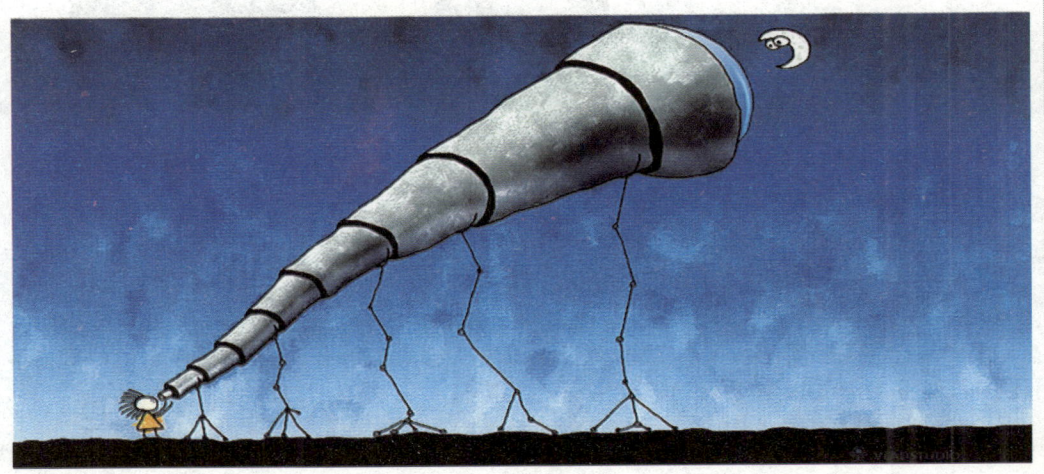

↑1609年，伽利略创制了天文望远镜（后被称为伽利略望远镜），并用来观测天体

↓荷兰光学仪器商利珀希

利珀希随后便毫不迟疑地着手制作望远镜。他出售了许多望远镜给荷兰政府。当水手们认识到望远镜在船上非常有用时，望远镜也就被考虑应用在军事上和航海上了。

意大利科学家伽利略在1609年也制作了一个，这便是世界上第一台天文望远镜，伽利略很快就用它来研究行星和恒星。

伽利略用他的望远镜获得了令人惊异的发现。他研究太阳、金星、木星及其卫星，以及其他许多天体。他的观察最终导致了宇宙全新的视野。从伽利略时代以来，望远镜一直是天文学研究中最重要的仪器。

伽利略制作的望远镜是折射式望远镜。1668年，牛顿利用光线反射的方式，发明了反射式望远镜。这是天文望远镜的一大突破，因为反射式望远镜在制造上远比折射式望远镜容易得多，并且没有折射式望远镜的色差现象，能让观测质量大幅提升。

→牛顿望远镜复制品

1672年，法国人盖赛格林变更了牛顿式反射镜的焦点位置，发明了盖赛格林式反射望远镜，让反射式望远镜更容易操作。

1938年德国人史密特把折射式望远镜及反射式望远镜合而为一，发明了折反射式望远镜，也就是史密特式望远镜（史密特照相机），这一发明开创了望远镜的另一个新纪元。

无线电波望远镜的发明，把天文望远镜所能看到的波长延伸到所有的电磁波长，让我们观看宇宙的视野不只局限于可见光，进行了天文望远镜的另一次革命。

避雷针——雷电时建筑物的安全卫士

认识大发明　避雷针是一种防止直接雷击的装置。由金属棒构成，装在独立构架或建筑物顶上。它与引下线和接地装置配合，能把一定范围内的高空雷电引向自身，泄入大地，以保护周围建筑物或屋外电气装置免遭或少遭雷击。

避雷针的历史

雷电是地球上最常见的一种自然现象。避雷针的发明迄今已有240多年的历史，由于它的保护，使无数的高楼大厦摆脱了雷电的威胁，为人类的文明和繁荣做出了贡献。

我们祖先早在西汉就发明了避雷装置，并在实践中应用。据《后汉书》记载，在一次当时的重要宫殿未央宫和柏梁台遭雷电袭击发生火灾不久，一位方士向汉武帝建议，在宫殿的屋脊上安装"鸱鱼"来防止灾难。

此后两千年来，我国古建筑的屋脊上大多安装了这一类金属瓦饰，尽管没有引导线与地面连接，但这类瓦饰高于建筑物之上，使得即使是猛烈的落地雷，也常常只击毁了瓦饰而保全了建筑物主体。

富兰克林与避雷针

富兰克林最卓越的贡献是为电学史上树起了一块丰碑。他的成就开创了电学史的新纪元。富兰克林用著名的风筝试验，证实了他的观点：闪电就是一种放电现象。

1752年6月在费城一次雷雨天气中，富兰克林把风筝放入空中，冒着极大的生命危险，把"天电"引入了莱顿瓶，成功地证实了闪电的特性。1753年他在充分研究了"天电"特性并进行大量实验的基础上发现了尖端放电现象，从而发明了避雷针。这是人类在征服大自然的道路上迈出的具有重大意义的一步。

避雷针的二次雷击

避雷针在防止直击雷的作用方面效果是十分明显的，但是随着社会的发展、时代的进步和微电子设备的广泛应用，它的局限性已越来越明显地表现出来。通过避雷针、引下线入地的雷电流可以在其附近的平行金属导线上感应出过电压，导致损坏电子设备，这就是传统避雷针的二次雷击效应。

→1752年6月，富兰克林冒着生命危险，进行了著名的费城风筝试验，证明了他的"闪电和静电的同一性"设想

蒸汽机——工业革命的标志

认识大发明

蒸汽机也称"往复式蒸汽机"。利用蒸汽在汽缸内膨胀，推动活塞运动而产生动力的一种往复式发动机。它的配汽机构按规定时刻使蒸汽进入汽缸内膨胀做功，也按规定时刻使做过功的乏汽自汽缸中排出，保证活塞连续不断地作往复运动。

蒸汽机发明和改进

1763年，有一台被送到了大学的蒸汽机发生故障，需要瓦特负责修理。瓦特和另外几个人详细地研究起来。

这台蒸汽机是一个名叫纽克曼的苏格兰铁匠发明制造的，这在当时是最先进的蒸汽机了。在纽克曼之前，有许多人都对蒸汽当作动力用于生产怀着很大的兴趣。

在1688年，法国物理学家丹尼斯·帕潘，曾用一个圆筒和活塞制造出第一台简单的蒸汽机。但是，帕潘的发明没有实际运用到工业生产上。10年后，英国人托易斯·塞维利发明了蒸汽抽水机，主要用于矿井抽水。

↑↓瓦特及其发明的蒸汽机原理图

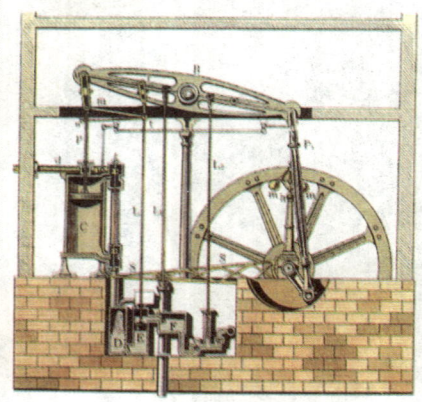

1705年纽克曼经过长期研究，综合帕潘和塞维利发明的优点，创造了空气蒸汽机。而瓦特在1796年制成了有分离冷凝器的单动式蒸汽机。这种蒸汽机比纽克曼的蒸汽机具有显著的优点，可节省75%的燃料。但他并没有满足于已取得的成就，1782年，他又成功地制造了联协式蒸汽机。1784年瓦特对它进行了改进，为它增加了一种自动调节蒸汽机速率的装置，使它能适用于各种机械的运动。

1807年，美国人富尔顿把瓦特的蒸汽机装在轮船上，从此，宣告帆船的时代结束了。

1814年，英国人斯蒂芬森把瓦特的蒸汽机装在火车上，陆路运输的新时代开始。19世纪三四十年代，蒸汽机在欧洲和北美被广泛采用，这就是所谓的"蒸汽时代"。

蒸汽机发明的重大意义

蒸汽机的发明拉开了第一次工业革命的序幕，从此人类进入蒸汽时代，蒸汽替代了人类劳动，缩短了社会必要劳动时间。

对蒸汽机的重要性无论怎样估计都不为过。当然在工业革命中出现了许多其他发明，如在采矿、冶炼和机械业等许多方面都有所发明。其中的几项发明如滑轮梭子（约翰·凯，1733 年）和勒尼纺纱机（詹姆斯·哈格瑞夫斯法，1764 年）皆出在瓦特着手蒸汽机之前。其他发明中的大多数只代表了小的改革，没有哪一项能单独地对工业革命起举足轻重的作用。

然而蒸汽机则不同，它起着关键性的作用，可以说没有它，就没有第一次工业革命。在它之前虽然风车和水轮有一定的用途，但是主要的动力源一向是人体，这个因素严重地限制了工业生产力。随着蒸汽机的发明，这条限制消除了。有了可以供生产使用的巨大能量，生产也就随之有了巨大的增长。

1973 年禁运石油使人们认识到缺乏能量是多么严重地阻碍了工业的发展，这个经历使人们认识到瓦特的发明对工业革命的重要意义。

↑法国物理学家帕潘纪念邮票

↓蒸汽机的发明拉开了第一次工业革命的序幕，而利用蒸汽机制造的火车则承载了近现代工业文明。

火车——最佳的轨道交通工具

铁路早期皆以蒸汽机车为牵引动力，机车上燃煤火光炽烈，因此被称为火车，后来泛指列车。火车是一种主要的交通工具，它的出现曾一度地带动了社会的发展，为世界各国的物质交流提供了便捷。

今天，当一列列火车风驰电掣般从我们面前闪过，迅速地从视野消失驶向远方时，我们不禁发出由衷的赞叹，发明火车的人太伟大了，为后人留下这种快捷、便利又舒适的交通工具。

16世纪下半叶，在英国和德国的矿山和采石场铺有用木材做成的路轨，在轨道上行走的车是靠人力或畜力拉动的。1767年，英国的金属大跌价，有一家铁工厂的老板看到堆积如山的生铁，既卖不出去赚不了钱，又占用了很多地方，就令人浇铸成长长的铁条，铺在工厂的道路上，准备在铁价上涨的时候再卖出去。可是，人们发现车辆走在铺着铁条的路上，既省力，又平稳。这样，铁轨就先于火车诞生了。

铁条上行车毕竟不是很方便，于是，铁条得到改进，做成了凹槽形的铁轨。可是这种轨道不是很稳，铁轨受到冲击容易翻倒而导致车辆出轨翻车。人们又把铁轨的下面加宽，造成像汉字的"工"字形，这种形状的轨道既稳定又可靠，一直沿用至今。

虽然铁路已诞生，可是行走在铁路上的车大部分是用马拉的。1783年，瓦特的学生默多克造出了1台用蒸汽机作动力的车子，但效果不是很理想。1807年，英国人特里维希克和维维安制造成功用蒸汽机推动的车子，可是这车子太笨重，难以在普通的道路上行走，而他们也没想到把这辆车放到铁轨上去，所以不久后也弃之不用。直到1814年，英国工程师斯蒂芬森造出了在铁轨上行走的蒸汽机车，真正的火车才诞生了。

第一个火车头"布鲁克"

斯蒂芬森出生于 1781 年，父亲是煤矿上的蒸汽机司炉工，母亲没有工作，一家 8 口全靠父亲的工资收入生活，日子过得十分艰难。14 岁那年，斯蒂芬森来到煤矿当了一名见习司炉工。他很喜欢这个工作，别人下班了，他却认真地擦洗机器，清洁零部件。由于频繁拆拆装装，他逐渐掌握了机器的结构，很快又掌握了机械、制图等方面的知识。

↑ "威武"的火车头

一次，他用书本上学到的知识，结合工作的实际，设计了一台机器。煤矿上的总工程师看到他设计的机器草图，大加赞赏，这给了斯蒂芬森很大的鼓励。由于他的勤奋努力，不久，斯蒂芬森成为了一名熟练的机械修理工。

后来斯蒂芬森开始研制蒸汽机车，他改进了产生蒸汽的锅炉，把立式锅炉改成卧式锅炉，并做出了一个极有远见的重大决断，决定把蒸汽机车放在轨道上行驶，在车轮的边上加了轮缘，以防止火车出轨，又在承重的两条路轨间加装了一条有齿的轨道。

因为当时考虑蒸汽机车在轨道上行驶，虽可避免在一般道路上因自身太重而难以行走的缺点，可在轨道上也会产生车轮打滑的问题，所以，在机车上装上棘轮，让它在有齿的第三轨上滚动而带动机车向前行驶。

↑ 斯蒂芬森和他的火车头"布鲁克"

1814 年，斯蒂芬森的蒸汽机车火车头问世了。他发明的这个铁家伙有 5 吨重，车头上有一个巨大的飞轮。这个飞轮可以利用惯性帮助机车运动，斯蒂芬森为他的发明取了个名字叫"布鲁克"。这个"布鲁克"可以带动总重量约 30 吨的 8 个车厢。在以后的 10 年间，他又造了 11 个与"布鲁克"相似的火车头。

第一列火车的诞生

1825 年 9 月 27 日，在英国的斯托克顿附近挤满了约 4 万名观众，铜管乐队也整齐地站在铁轨边，人们翘首以待，望着那蜿蜒而来的铁路。忽然人们听到一声激昂的汽笛声，一台机车喷云吐雾地疾驶而来。机车后面拖着 12 节煤车，另外还有 20 节车厢，车厢里还乘坐约 450 名旅客。斯蒂芬森亲自驾驶着世界上第一列火车。

↑ 世界上最早的火车

火车驶近了，大地在微微颤动。所有的观众都惊呆了，简直不敢相信自己的眼睛，不敢相信眼前的这个铁家伙竟有这么大的力气。火车缓缓地停稳，人群中爆发出一阵雷鸣般的掌声和欢呼声。铜管乐队奏出激昂的乐曲，七门礼炮同时发放，人们庆祝世界上诞生了火车。这列火车以每小时 24 千米的速度，从达灵顿驶到了斯托克顿，铁路运输事业从此开始。

至此，火车的优越性已充分体现了出来：它速度快、平稳、舒适、安全可靠。随即在英国和美国掀起了一阵修筑铁路、建造机车的热潮。仅 1832 年这 1 年，美国就修建了 17 条铁路。而斯蒂芬森作为这个革命性运输工具的发明者和倡导者，解决了火车铁路建筑、桥梁设计、机车和车辆制造的许多问题。他还在国内和国外许多铁路工程中担任顾问。就这样，火车在世界各地很快发展起来。直到今天，火车仍然是世界上重要的运输工具。

↑ 现在仍有很多西方国家在用蒸汽火车。

齿轮——小事物改变大世界

认识大发明

齿轮是轮缘上分布着许多齿的，能互相啮合的机械零件，相互啮合的齿轮可以传递运动和动力。

齿轮的发明和发展

关于齿轮，据说在希腊时代就有了很多设想。希腊著名学者亚里士多德和阿基米德都研究过齿轮。大约在公元前150年，希腊著名的发明家古蒂西比奥斯在圆板工作台边缘上均匀地插上销子，使它与销轮啮合，他把这种机构应用到刻漏上，这可能是最早的齿轮应用。

在公元前100年，亚历山大的发明家赫伦发明了里程计，在里程计中使用了齿轮。公元1世纪时，罗马的建筑家毕多毕斯制作的水车式制粉机上也使用了齿轮传动装置。到14世纪，开始在钟表上使用齿轮。15世纪的大艺术家达·芬奇发明了许多机械，也使用了齿轮。但这个时期的

↑伟大的阿基米德也曾经研究过齿轮。

↑世界著名大师达·芬奇的手稿画,他对齿轮也有一定的研究。

齿轮与销轮一样,齿与齿之间不能很好地啮合。这样,只能加大齿与齿之间的空隙,而这种过大的间隙必然会产生松弛的现象。

后来,为了使齿轮啮合得精确,希望通过计算方法得到齿轮的形状。所以数学家们也参加了齿轮研究工作。1674年,丹麦天文学家雷米尔发表了关于制造齿轮的基准曲线(摆线)的论述。1766年,法国的数学家卡诺又发表了更详细的论述。1767年,瑞士数学家欧拉对渐开线原理发表了新的研究见解。1837年,英国的威列斯创造了制造渐开线齿轮的简单方法。这样,在生产中渐开线齿轮取代了摆线齿轮,应用日趋广泛。

齿轮的分类

齿轮可按齿形、齿轮外形、齿线形状、轮齿所在的表面和制造方法等分类。

齿轮的齿形包括齿廓曲线、压力角、齿高和变位。渐开线齿轮比较容易制造,因此在现代使用的齿轮中,渐开线齿轮占绝大多数,而摆线齿轮和圆弧齿轮应用较少。

在压力角方面,小压力角齿轮的承载能力较小;而大压力角齿轮虽然承载能力较高,但在传递转矩相同的情况下轴承的负荷增大,因此仅用于特殊情况。而齿轮的齿高已标准化,一般均采用标准齿高。变位齿轮的优点较多,已遍及各类机械设备中。

→新摩登时代到处是巨大的齿轮,人被机器卷进卷出,为了节省时间发明了自动吃饭机,毫无间歇的劳作使人一见到圆形的东西就下意识地拿出扳手上紧,这就是卓别林的经典默片《摩登时代》所辛辣讽刺的资本主义社会。

←小小齿轮改变大世界。

汽车——最普遍的交通工具

认识大发明

一种能自行驱动的主要供运输用的无轨车辆。原称"自动车",因多装用汽油机,故简称汽车,沿用至今。

汽车的发明

1886年德国工程师卡尔·本茨在曼海姆制成了世界上第一辆汽车,该车只有三个轮子,采用一台两冲程单缸0.9马力的汽油内燃机,具备现代汽车的基本特点,如火花点火、水冷循环、钢管车架、钢板弹簧悬架、后轮驱动、前轮转向等。人们把卡尔·本茨制成第一辆三轮车的1886年视为汽车诞生之年。

世界汽车业的发展

19世纪末,汽油内燃机的发明为汽车的研制提供了新型动力。戴姆勒为了给各种交通工具提供动力,设计了一种快速运转的发动机,并运用了最新的热管燃烧装置。燃料由传统的煤气燃料改为液体燃料(汽油)。与此同时,本茨也制成了四冲程内燃发动机,不同的是,他运用电子打火装置,利用火花塞使发动机获得了令人惊叹的速度。

1886年7月,本茨首次试开他的三轮汽车。车子由金属管构架,不仅漂亮而且轻巧。这也是世界上第一辆真正的汽车。此后,汽车制造作为一种工业,迅速在欧洲和北美洲国家兴起。

1893年,杜瑞亚兄弟制造出了美国最早的汽油内燃机汽车。1903年,美国制造出后来以完成横穿美洲大陆而闻名的帕卡特汽车。美国通用汽车公司于1905年制造出凯迪拉克牌汽车。设计者将发动机装在座椅下,使汽车像自行车那样靠链条传动后轮。1907年,意大利生产出了以车速快而著称的菲亚特汽车。1907年,英国制造出了噪声小、故障率低的劳斯莱斯汽车。从此,汽车作为一种崭新的交通工具走进了人们的生活。

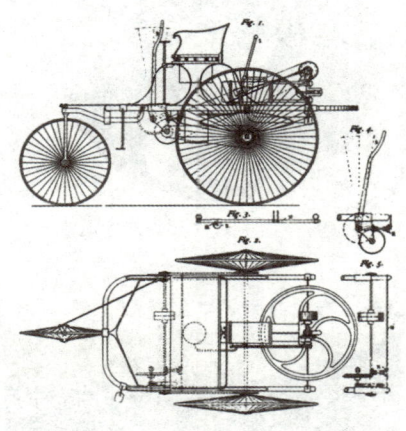
↑卡尔·本茨制造的第一辆汽车设计图纸

↑卡尔·本茨在慕尼黑的贸易展览会上

↑1886年1月29日是汽车诞生的日子,这一天,由卡尔·本茨设计和制造的世界上第一辆能实际应用的三轮内燃机发动的汽车获得了专利证书。

↑戴姆勒——现代汽车工业的先驱者之一

↓戴姆勒发明的单缸发动机

→1886年3月戴姆勒花费了775马克为他的妻子埃玛购买了一辆四轮马车作为她43岁的生日礼物，然而直到5个月后埃玛才收到这份礼物。此时这辆马车已经经过戴姆勒的改装，成为带有一台单缸发动机的四轮汽车——这便是人类历史上第一辆四轮汽车的诞生，而戴姆勒也由此被称为"汽车之父"。

汽车的诞生无疑具有划时代的意义，不仅改变了人类传统的"行"的方式，更开启了个人交通运输的新纪元。

汽车的危害

全世界目前大约每年有120万人死于车祸，而在交通事故中受伤和致残者更是高达数百万人，其中青年人和初领驾驶执照者占很大比例。每年由交通事故造成的经济损失达5180亿美元。在中国2003年经全国公安交通管理部门受理的道路交通事故667507起，造成104372人死亡、494174人受伤、直接经济损失达337亿元。平均每天约1800起，平均每天死亡280多人。我国汽车保有量只占全世界的19%，但事故死亡人数却占全世界的15%左右。我国已成为世界上道路交通事故最为严重的国家之一。

汽车如今已成为许多发达国家和一些新兴发展中国家的支柱产业，它在带动冶金、电子、化工、机械等行业发展的同时，也消耗了大量的原材料，仅钢铁一项，每千辆小轿车平均重量就达600~800吨。无论是交通运输的基础设施，还是交通运输工具，其消耗的建造材料，需要开采大量矿产资源，对资源储量将造成巨大压力。

自行车——最为"绿色"的交通工具

认识大发明

自行车又称"脚踏车"、"单车"。一种以双脚驱动的两轮交通工具。

自行车的发明

发明自行车的是德国人德莱斯。德莱斯原来是一个看林人，每天都要从一片林子走到另一片林子，多年走路的辛苦，激起了他发明交通工具的欲望。他想：如果人能坐在轮子上，那不就走得更快了吗？就这样，德莱斯开始设计和制造自行车。他用两个木轮、一个鞍座、一个安在前轮上起控制作用的车把，制成了一辆轮车。人坐在车上，用双脚蹬地驱动木轮运动。就这样，世界上的第一辆自行车问世了。

自行车的发展

自世界上第一辆自行车问世至今已有200多年的历史。德国人德莱斯发明了最原始的自行车。它只有两个轮子而没传动装置，人骑在上面，需用两脚蹬地驱动车轮向前滚动。

1801年，俄国人阿尔塔马诺夫设计出世界上第一辆用踏板踩动的自行车。

1817年，德国人冯·德莱斯在自行车上安装了方向舵，使其能改变行驶方向。

1839年，苏格兰人麦克米伦制造出木制车轮，装实心橡胶轮胎，前轮小、后轮大，坐垫较低，装有脚踏板和曲柄连杆装置，骑者可以双脚离开地面的自行车。同年，他又将木质自行车改为铁制自行车。

1867年，英国人麦迪逊设计出第一辆装有钢丝辐条的自行车。

1869年，在德国斯图加特出现了由后轮导向和驱动的自行车，同时车上采用了滚珠轴承、飞轮、脚刹、弹簧等部件。

↑ 据说这是世界上最早的自行车

↑ 冯·德莱斯男爵和他发明的自行车，其车没有脚踏板，人骑在上面必须用两脚蹬地驱动车轮向前滚动

↑ 为纪念德莱斯发明自行车而发行的邮票

↑世界公认的橡胶充气轮胎的发明者是居住在爱尔兰贝尔法斯特的苏格兰兽医邓洛普。

1886年，英国人詹姆斯把自行车前后轮改为大小相同，并增加了链条，使其车型与现代自行车基本相同。

1887年，德国曼内斯公司将无缝钢管首先用于自行车生产。

1888年，英国人邓洛普用橡胶制造出内胎，用皮革制造出外胎，以此作为自行车的充气轮胎。从此，基本奠定了现代自行车的雏形。

自行车在我国的发展

我国的自行车是1887年从英国输入的。到1949年时，我国自行车产量是15万辆。而到了1978年，年产量已达到854万辆，一跃而居世界第一位，成为自行车的王国。

绿色环保的交通工具

自行车由于具有无能耗、无噪声、使用方便、结构简单和价格低廉等特点，因此无论是在发达的工业国家还是发展中国家，对自行车发展都不遗余力。特别是全球受到严重环境污染威胁的今天，自行车更是一种"绿色交通工具"。

↑自行车运动在今天已转变为了一种盛行的体育运动。

↑19世纪时欧美比较流行的自行车

高速公路——推动经济发展的纽带

认识大发明

高速公路是供汽车分道高速行驶的公路。能适应120千米/小时或更高的速度，要求路线顺滑，纵坡较小。路面有4～6车道的宽度，中间设分隔带，采用沥青混凝土或水泥混凝土路面，在必要处设坚韧路栏。为保证行车安全，应有必要的信号、标志和照明设备，以禁止在路上有行人或行驶非机动车。与铁路或其他公路相交时采用立体交叉，行人跨越则用跨线桥或地道通过。

世界上第一条高速公路

1925年，一条横跨整个美国大陆，从纽约直达旧金山的林肯高速公路贯通，这是世界上第一条高速公路。

高速公路的功能和经济效益

公路运输具有门到门直达运输的灵活性，尤其适宜于客运和鲜货、集装箱的零担运输。对于这种功能的发挥，高速公路运输显得尤为突出。

有些发达国家在较长运距的运输中，相比较而言，公路比铁路的效率更高、运量更大、成本更低。据统计，1970—1972年19个发达国家的公路与铁路客、货运输周转量年平均值之比分别为9.2:1和2.9:1。

高速公路在运输速度方面有很大的优势，如日本名神高速公路建成后比原有公路节约旅程时间约75%。高速公路比其他公路肇事率和死亡率也低得多。

各国高速公路里程一般只占公路总里程的1%～2%，但其所担负的运输量占公路总运输量的20%～25%。高速公路造价高，用地多；但行车速度高，通行能力大，交通事故率小，故其投资费用一般只要7～10年即可由于其所节约的行车费用（包括燃料消耗、轮胎磨耗、汽车修理和养路费支出等）和运行时间以及所减少的行车事故而得到回偿。

因此，许多国家当交通量发展到一定程度时，只要财力许可就修建高速公路。高速公路通常采取分段分期办法修建，以避免积压资金。资金来源，除国家投资或资助外，还采取由私人集资的办法筹集资金，定期若干年内收取过路费，期满后收归国家管理。

↑林肯高速公路是世界上第一条高速公路。

↑随着高速公路管理要求的不断提高，收费管理、数据通信、图像监控已经是现代化高速公路建设中必不可少的一部分。

海底隧道——令海洋不再是前行的障碍

认识大发明

海底隧道是为了解决横跨海峡、海湾之间的交通，而又不妨碍船舶航运的条件下，建造在海底之下供人员及车辆通行的建筑物。

海底隧道是建造在海峡以下，供车辆、行人、水流、管线等通过的地下建筑物。海底隧道一般分为海底段、海岸段和引道三部分，主要部分是海底段，埋置在海床底下，两端与海岸连接，再经过引道与地面线路相通。在两岸还要设置竖井，井内安装通风、排水和供电等设备。

海底地质情况不易探明，隧道工程非常艰巨复杂，对各种配套技术要求很高，投资巨大，工期很长。20世纪末只有少数国家在研究和进行这种工程。

青函隧道

↑施工中的海底隧道

1964年5月，日本青函海底隧道开始挖调查坑道。经过7年的各种海底科学考察，专家们才最终选定了安全的隧道位置，并于1971年4月正式动工开挖主坑道。经过12年的施工，1983年1月27日，南起青森县今别町滨名，北至北海道知内町汤里，世界上最长的海底隧道——青函隧道的先导坑道终于打通了。1988年3月13日清晨，首班电气化列车满载乘客从青森站和函馆站相对发出。电车从海底通过津轻海峡只用了大约30分钟。青函隧道正式通车，结束了日本本州岛与北海道之间只靠海上运输的历史。

↓英吉利海峡海底隧道又叫欧洲隧道，横穿英吉利海峡，连接英国与法国，其内部景观令人极为惊叹。

海底隧道的发展

日本是较早修建海底隧道的国家。20世纪40年代修建的关门海峡隧道是世界上最早的海峡隧道。二战后，日本曾一度停止了连接海峡的建设。随后英格兰和法国修建英法海峡隧道，然后挪威、丹麦、美国、荷兰等国家陆续修建海底隧道，到现在为止海底隧道已经是全球除了海、陆、空的另外一种交通运输，越来越引起人们关注。

修建海底隧道的意义

海底隧道的开通加强了全球各大洲的联系。海底隧道具有改变海峡间运输性质的巨大作用，其最大优点是直达、便捷、快速、通过量大，长期效益显著。在整个运输过程中，无须中途装卸，运行速度大大快于火车轮渡，通过量成倍增加，且一次投资、百世享用。如果在渤海海峡之间的最短距离（蓬莱至旅顺）打通海底隧道，按国际通行的隧道电气化通过方式（每小时160千米），通过海峡时间只需40分钟，仅相当于轮渡时间的1/13；若按每昼夜双向通过火车100对计算，每年最大货运通过能力可达8000万吨以上，客运通过能力可达3000万人次。

青函海底隧道是世界上最长的海底隧道，隧道中有著名的哆啦A梦火车。

→英国女王伊丽莎白二世和法国总统密特朗为英吉利海峡海底隧道通车剪彩。

龙文小百科 英吉利海峡海底隧道

举世瞩目的连接英国和法国的英吉利海峡海底隧道于1994年5月6日举行隆重的通车典礼，英国女王伊丽莎白二世和法国总统密特朗为之剪彩。

从此，隔断英伦三岛与欧洲大陆的天堑变通途，人们只要坐上被称为"欧洲之星"的高速列车，穿越海底隧道，连接伦敦、巴黎、布鲁塞尔仅需3个小时。

磁悬浮列车——悬空飞驰的交通工具

认识大发明

"磁悬浮列车",也称为"磁垫车",它采用电磁吸力或电磁斥力悬浮导向,是由直线电动机推进的车辆。

磁悬浮技术

1922年,德国工程师赫尔曼·肯佩尔提出磁悬浮列车的构想,为人类寻求更快速度的新陆路交通工具推开了探索之门。数十载光阴过后,世界上诞生了三种不同类型的磁悬浮技术,分别是德国的、日本的和中国的。

↑当代子弹头造型的磁悬浮列车速度可达每小时500千米以上。

第一辆磁悬浮列车

日本科学家经过10多年努力,耗资230亿日元,于1979年研制出世界第一辆超导磁悬浮列车。

两种不同的磁悬浮理论

高速磁悬浮列车是20世纪的一项技术发明,其原理并不深奥。它是运用磁铁"同性相斥,异性相吸"的性质,使磁铁具有抗拒地心引力的能力,即"磁性悬浮"。

根据吸引力和排斥力的基本原理,国际上磁悬浮列车有两个发展方向。一个是以德国为代表的常规磁铁吸引式悬浮系统——EMS系统,利用常规的电磁铁与一般铁性物质相吸引的基本原理,把列车吸引上来,悬空运行,悬浮的气隙较小,一般为10毫米左右。常导型高速磁悬浮列车的速度可达每小时400~500千米,适合于城市间的长距离快速运输。另一个是以日本为代表的排斥式悬浮系统——EDS系统,它使用超导的磁悬浮原理,使车轮和钢轨之间产生排斥力,使列车悬空运行,这种磁悬浮列车的悬浮气隙较大,一般为100毫米左右,时速可达500千米以上。这两个国家都坚定地认为自己国家的系统是最好的,都在把各自的技术推向实用化阶段。

随着现代高科技的发展,高速、平稳、安全、无污染的磁悬浮列车,将成为21世纪人类理想的交通工具。

←日本爱知博览会展出的JR东海MLX01-1试验车

飞机——为人类插上飞翔的翅膀

认识大发明

飞机是一种有动力装置的重于空气的航空器。主要由机翼、尾翼、机身、起落装置、动力装置和操纵系统等部分组成。

"飞行者"一号的诞生

1903年秋，莱特兄弟成功制造出世界上第一架动力飞机"飞行者"一号，实现了人类飞行的梦想。这是一架用轻质木料为骨架，帆布为蒙皮的双翼机，驾驶者俯卧在下层机翼正中操纵飞机，它能平稳地直飞，还能操纵它转向飞行。1903年12月17日早晨，弟弟奥维尔·莱特驾驶着"飞行者"一号进行了世界上首次动力飞行。这次具有历史意义的飞行持续了12秒，飞行距离约为36米。

↑1909年6月，威尔伯·莱特（左）和奥维尔·莱特兄弟在美国俄亥俄州代顿的家门口合影。

↓莱特兄弟和世界上最早的飞机

飞机的最初发展

继莱特兄弟之后，法国、美国等多个国家的工程师都陆续研制出自己的飞机。1909年7月25日，法国的布莱里奥驾驶着他的小型单翼机首次飞越多佛尔海峡，从法国飞抵英国，完成了人类的跨海飞行。

1919年6月14日，英国的阿尔科克上尉和布朗中尉驾驶"维米"式飞机从纽芬兰起飞，历时16小时27分飞抵爱尔兰，航程3000多千米，完成了人类首次跨越大西洋的飞行。

中国最早的飞机设计师和飞行员冯如从1907年开始研制飞机，他是中国卓有贡献的航空先驱之一。此后的飞机研制越来越科技化，越来越追求高空高速。

←冯如及其设计的飞机模型

多样的飞机类别

飞机按用途可以分为军用机和民用机、研究机；按机翼的数量可以将飞机分为单翼机、双翼机和多翼机；也可以按机翼的形状分为平直翼飞机、后掠翼飞机和三角翼飞机；我们还可以按飞机的发动机类别分为螺旋桨式和喷气式两种。

飞机在军事上的应用给人类带来了惨重的灾难。

先进的喷气式飞机

早期的飞机靠机身前端的螺旋桨旋转产生牵引力向前运动。螺旋桨产生的牵引力不大,飞机飞行的速度也不快。1939年8月27日,第一架喷气式飞机飞行成功,大大提高了飞机的飞行速度。

飞机的重大作用

飞机是人类历史上第一次有动力、载人、持续、稳定、可操作的飞行器。飞机的首次成功飞行,距今已有100多年。百年历史在人类长河中只不过是一个短暂的片断,但在这个百年中,人类不仅学会了飞行,而且飞得越来越高,越来越快,越来越远。飞机的发明,改变了全球的交通、经济,改变了产业结构和人类的生活。

人类在向地球深处进军时,飞机也被广泛应用于地质勘探。人们使用装备了照相机或者电子设备的飞机,可以迅速而准确地对广大地区,包括险峻而难以到达的地方进行测绘。

←一战时的轰炸机

↑HH-3E 直升机

第4章 科学与技术 KEXUE YU JISHU

探索人类文明发展进程

轮船——海上最庞大的交通工具

认识大发明

轮船是水上运载工具,利用机器推进的船的总称。有的可在水下航行,如潜艇;也有系泊不航的,如趸船等。早期的船多用木材建成,19世纪后期出现铆接结构的钢船。

"轮船"一词的来历

"轮船"一词始于我国唐代。唐代李皋发明了"桨轮船"(车轮船),桨轮船的两舷装着会转动的桨轮。桨轮外周装上叶片,它的下半部分浸在水中,上半部分露出水面。由人力踩动车轮,叶片拨水,推进船舶。因这种桨轮露出水面,所以称为"明轮船"或"轮船",以便和人工划桨的木船、风力推动的帆船相区别。

"克莱蒙特"号的问世

被人们称为"轮船之父"的罗伯特·富尔顿是美国机械工程师、画家。他在1807年7月设计出排水量为100吨、长45.72米、宽9.14米的汽轮船"克莱蒙特"号。船的动力是由72马力的瓦特蒸汽机带动车轮拨水。8月17日,"克莱蒙特"号载有40名乘客从纽约出发,沿着哈德孙河逆水而上,31小时后,驶进240千米以外的奥尔巴尼港,平均时速7.74千米。"克莱蒙特"号的始航揭开了轮船时代的帷幕。

↑ "明轮船"模型

此后,"克莱蒙特"号定期在哈德孙河上航行,成为世界上第一艘蒸汽轮船,奠定了轮船不容摇撼的地位。其后不到5年间,欧洲与美国就出现了50艘蒸汽轮船在定期航线上航行。

↓ 1807年,富尔顿发明的"克莱蒙特"号

153

船舶的工作原理

轮船是利用物体漂浮在水面的原理工作的。把密度比水大的钢材制成空心的使它排开更多的水，增大可利用的浮力。轮船在河里和海里都是浮体，因而所受浮力相同，根据阿基米德原理，它在海水里比在河水里浸入的体积小。

船舶的发展

船是水路上的主要运输工具。船的起源国尚无定论。早在公元前6000年，人类已在水上活动。世界上最早的船可能就是一根木头，人们由试着骑到水中漂浮的较大的木头上，从而想到了造船。

中国是世界上最早制造出独木舟的国家之一，并利用独木舟和桨渡海。中国古代航海造船技术的进步，在国际上处于领先地位。

↓1866年，英国人 J. M. Gray 设计出世界上第一艘全自动蒸汽轮船——"东方号"（Great Eastern）。右下图为被称为"轮船之父"的美国机械工程师、画家——罗伯特·富尔顿。

在近代船舶发展史上，第一位将蒸汽机装到船上的人是法国的帕潘，那是在1695年。之后到了1787年，美国人费奇也造了一艘用蒸汽机在船的两侧划水的船。还有英国人辛明顿，他在1803年也造出一艘同样的划水船。但一般说来，轮船的发明人当属美国发明家富尔顿。他本人有多项发明，轮船只是其中之一。

其实，富尔顿发明的"克莱蒙特"号轮船是以费奇的设计图为蓝本，所用的蒸汽机也是瓦特式的。而另一个美国人斯蒂芬森发明的"费尼克斯"号要比"克莱蒙特"号好得多，而且蒸汽机也是斯蒂芬森自己制造的，但由于下水时间晚了几天，这项发明的荣誉就为富尔顿所获。

轮船的重大贡献

轮船的发明对人类社会生活做出了巨大的贡献，在世界航运史上写下了崭新的一页。它是海上交通最大的工具，缩短了各大洲的距离，并且被广泛运用到远洋航行和海洋勘测中。在火车、轮船发明后，产生了工业经济，由于金融的载体作用以及产品的远距离运输，使资本主义迅速发展。

幻灯机——透镜成像原理的最佳诠释

认识大发明

幻灯机是利用透镜成像原理,将透明图片投映于幕布上的光学器具。由光源、聚光镜和放映镜头等部件组成。

幻灯机的发明和发展

幻灯机最早是作为传教士的传教道具而出现的。

1654年,德国的犹太籍人基夏尔首次记述了幻灯机的发明,最初幻灯机的外壳是用铁皮敲成一个方箱,顶部有一类似于烟筒的排气筒,正前方装有一个圆筒,圆筒中用一块可滑动的凸透镜,形成一个简单的镜头,镜头和铁皮箱之间有一块可调节焦距的面板,箱内装有光源,最初的光源是烛光。使用时,把幻灯机置于一个黑房内,将幻灯片插入凸透镜后面的槽中,点燃蜡烛,光源通过反光镜反射汇聚,通过透明画片和镜头,形成一根光柱映在墙幕上。

最早的幻灯片是玻璃制成的,靠人工绘画。在19世纪中叶,美国发明了赛璐珞胶卷后,幻灯片就开始使用照相移片法生产。

幻灯机的工业化生产开始于1845年,光源也从最初时的蜡烛,逐一改为油灯、汽灯,最后改用电光源。为了提高画面的质量和亮度,还在光源的后面安装了凹面反射镜。光源的增大,使得机箱的温度升高,为散热,又在幻灯机中加装了排气散热结构。输片也改为自动的了。

我们今天广泛使用的幻灯机,就是在19世纪幻灯机的基础上发展改进而成的。

幻灯机的工作原理

幻灯机是利用透镜成像原理,将透明图片放大并成像于屏幕上的光学器具。主要由反光镜、光源、聚光镜、放映镜头等组成。由光源发出的光线,经聚光镜均匀地照射在幻灯片上,通过幻灯片后又聚集到放映镜头上,放映镜头使幻灯片在屏幕上成一放大倒立的实像。

↑一款精美的幻灯机

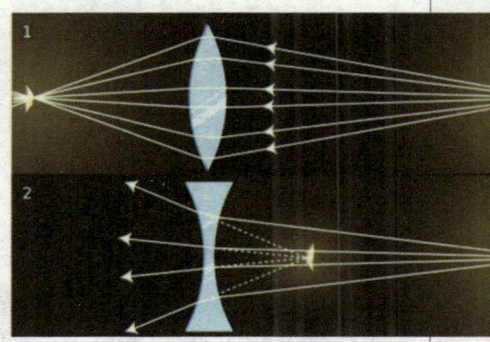
↑凸透镜和凹透镜的成像原理

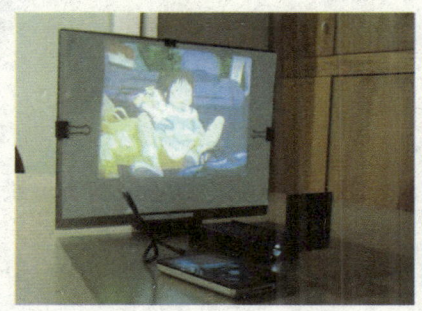
↑在现代,幻灯机已用于社会生活的各种场合。

↑ 放映机就是把记录的影像和声音，配合银幕和扩音机等还原出来的机械设备。

反光镜是装在光源后面的凹面镜，其作用是把光源向后发射的光线反射回来，以增强幻灯片投射到屏幕上的亮度。幻灯机的光源一般是100~300W卤钨灯。为延长灯泡使用寿命，还装有冷却风扇。聚光镜一般由两块平凸透镜组成，其大小比幻灯片画面略大。

电影放映机

电影放映机是把电影胶片上的各个画幅连贯而又等速地反映在银幕上的幻灯片机器。电影放映机一般由输片、动力传动、光学、还音和电路五大系统组成。其中光学系统又可分为照明光学、放映光学和还音光学三大部分。

照明部分主要包括放映灯泡、反光镜、聚光镜等。常用放映灯泡有弧光灯、氙灯、铟灯等。放映光学部分主要是放映镜头，它是使银幕获得明亮、清晰了的放大、影像的主要光学部件。一般是由数片性能不同的凸透镜和凹透镜嵌放在内壁涂有防漫反射光黑色涂料的金属圆筒内组成的。放映镜头分普通电影放映镜头和宽银幕放映镜头两大类。

↓ 较古老的幻灯机

← 天花板上的水纹是靠投影仪打上去的。

还声光学部分由激励灯和激励镜头组成。激励灯是发出光流去激励光电元件使之产生音频电流的光源，是激励镜头的光源。激励镜头由两片柱形平凸透镜排列在镜筒中组成。其主要作用是把激励灯射来的光聚集成一条细长的光刃，投射在移动的影片声带上，影片声带使透过它的光通量发生变化，再由光电元件使变化的光通量转化为变化的电流，将电流放大后通过扬声器还原为声音。电影放映机规格繁多，常用的有70毫米固定式放映机、35毫米放映机、16毫米放映机、8毫米放映机等。

静电复印机——让信息具有更多的备份

认识大发明

复印机是用各种技术直接从原稿复制副本的机器，有单色复印机与彩色复印机之分。现在常用的静电复印机，主要是由光学部分、电晕部分、光导部分、传动部分、输纸部分、显影部分、转影部分及定影部分构成。复印是通过利用一种带光导膜的半导体材料在光照下导电率发生变化的特点来实现的。

在当今"信息爆炸"的时代，复印机成了人们不可或缺的专用工具。利用复印机，人们在几秒钟的时间内，就能完成一份文件的复制，从而摆脱了繁重的抄写工作，并由此促进了信息的传播。然而，人们也许不知道，复印机的发明凝聚着一位杰出发明者20多年的年华和心血。

卡尔森是美国纽约市的一位发明爱好者。从1936年开始，他就注意到当时的人们在需要文件复本时，往往通过成本较高的照相技术来完成。由此，他想发明一种能快速并经济地复制文件的机器。他跑遍了纽约的各个图书馆，搜寻有关这方面的技术书籍。最初他把研究重点定位于照相复制技术合成，然而，当他饱览群书之后，觉得在此方向很难有所突破。

一天，他来到朋友的工厂里，一位来自匈牙利的工程师给他展示了一种当光线增强时能够产生导电性质的物质。卡尔森豁然开朗，意识到这种物质在他的发明中很有应用价值，于是他把研究重点转向了静电技术领域。

卡尔森在纽约市的一个酒吧里租了一个房间作为实验室，并和他的助手——一个名叫奥特卡尼的德国物理学家开始静电复制技术的试验。

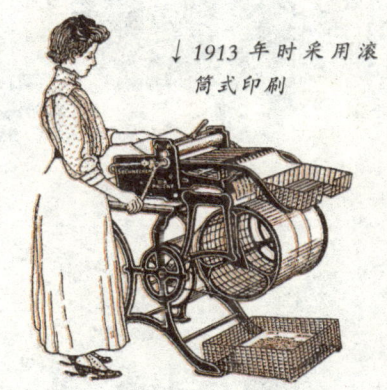
↓ 1913年时采用滚筒式印刷

↑ 1913年时人们还必须手摇来复印文件。

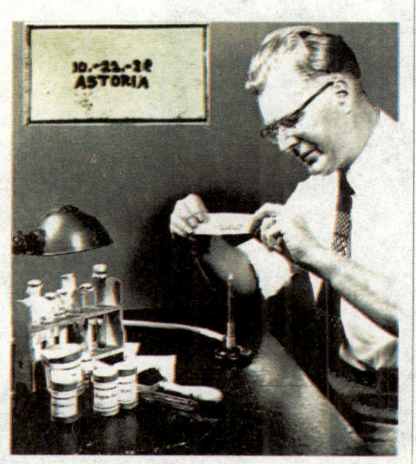
→ 正在做实验的卡尔森

↑↓ 高性能的彩色复印机

1938年10月22日，奥特卡尼把一行数字和字母"10、22、38、ASTORIA"印在玻璃片上，又在一块锌板上涂了一层硫磺，然后在板上使劲地摩擦，使之产生静电。他又把玻璃板和这块锌板合在一起用强烈的光线扫描了一遍。几秒钟之后，他移开玻璃片，这时，锌板上的硫磺末近乎完美地组成了玻璃片上的那行字符"10、22、38、ASTORIA"。

静电复制技术终于有了突破，卡尔森将这项专利向许多家公司推荐。然而，从1939—1944年的5年时间里，没有一家公司接受卡尔森的专利。这些公司认为，用硫磺末作为"介质"，从技术上看不够成熟。此外，他们也对生产复印机的市场前景并不看好。实际上，在那时需要复制的文件确实并不很多。

卡尔森毫不气馁，继续钻研完善他的静电复制技术。又经过几年的研究，他找到了更为理想的携带静电的"介质"。终于有一家公司采用了卡尔森的最新专利技术，生产出了第一台办公专用自动复印机。到了1959年，复印机正式被市场所接受，并且像雪球一样，市场越滚越大。今天，复印机已成为一项全球性的庞大产业。

卡尔森前后经历20余年的光阴，由"技术不成熟"、"市场潜力不看好"，到技术日趋成熟、市场日益扩大，终于使静电复印机走向了全世界。

↓静电复印机是如今一种常用的办公设备。

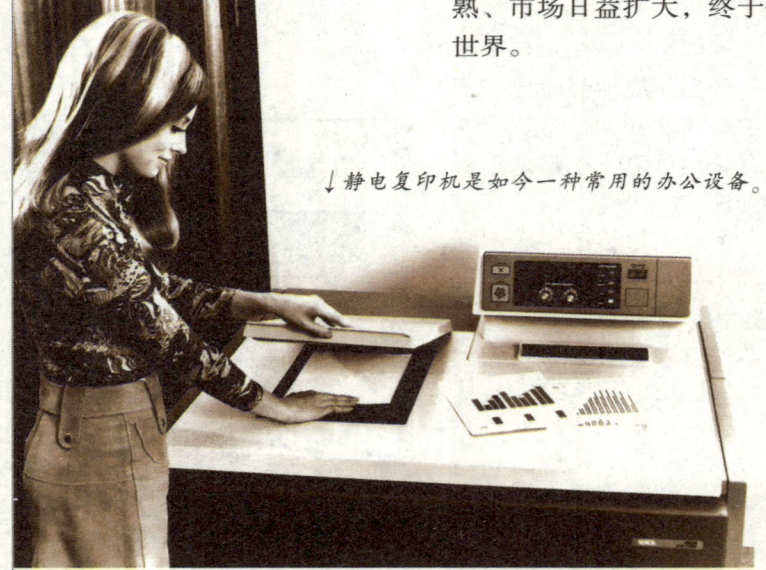

照相机——记录世界的每一瞬间

认识大发明

照相机是一种摄影工具，一般由机身、暗箱、镜头、快门、感光片装置以及测距器、取景器、测光系统等部分组合而成。基本结构为一个不透明的暗箱，一端装镜头，一端装感光片，景物的光线通过镜头，在感光片上结成影像。照相机的种类繁多，按结构分，有取景器式、单镜头反光式、双镜头反光式等。

一线阳光穿过孔洞射进黑暗的房间，可以在与之相对的墙壁上映出外界的倒像，这种现象叫"针孔成像"。早在2300多年前中国春秋时期的古代学者墨子就已发现了这一现象。这一原理成为今天照相机成像的基础。

1725年，德国的一位解剖学家舒尔茨在阳光充足的实验室中做提取磷的实验时，意外地发现了烧瓶中受光部分的化合物变成紫黑色。这一变化引起了他的兴趣，在继续进行研究后，终于确定，引起这一变化的是银。他的发现，成为后人研究照相技术的基础。

1802年，英国人韦奇伍德把树叶和画在玻璃板上的图案放在用硝酸银和丹林处理过的纸上进行直接曝光，纸上显现出了影像。但由于无法定影，影像不能保存下来。

1826年，德国人尼普森用涂有沥青粉和熏衣草油的金属板置于暗箱内，历时8小时的曝光，获得了世界上第一张不褪色的外景照片。但由于曝光时间过长，光线的移动变化使照片上的物体模糊不清。随后，尼普森又进行过多次试验，最后发现了在金属板上镀银，然后再喷碘的方法。他随即把这一发现告诉了他在法国的同行达盖尔。不久，尼普森去世，达盖尔继续此项研究。他用碘蒸气处理镀银铜板，然后，将其置于暗箱内曝光，曝光后再用水银蒸气进行显影和用食盐液定影，用这种方法获得的照片清晰稳定，可永久保存。1839年，达盖尔将这种方法公诸于世，并定名为银板照相法。

↑↓ 法国艺术家达盖尔及其发明的照相机。达盖尔的达盖尔式照相机开创了实用照相仪器的时代。

→达盖尔相机拍摄的第一张照片

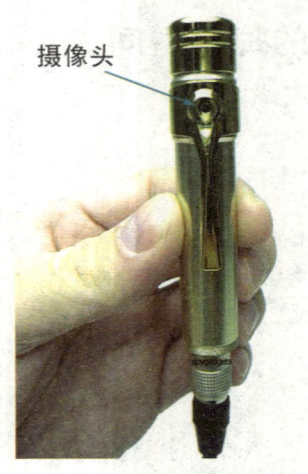

摄像头

与此同时，英国科学家塔尔博特发明了使用硝酸银和碘化钾的光力照相法。光力照相法与银板照相法相比，虽然成像不如银板清晰，但感光速度快，用料低廉，而且可以用一张底片洗印出很多张照片，其形式更接近于现代照相术。

1851年，英国人阿切尔也发明了一种新的照相技术。他把硝棉胶涂在玻璃上，推出了玻璃板硝棉胶板摄影法，该方法吸取了银板照相法的优点，不仅成像清晰，而且也能够多次洗印，曝光时间也大为缩短。然而，缺点是玻璃感光板必须在拍摄现场制作。每次拍摄都需携带大量的用品，很不方便，在使用了一段时间后，便被英国人马多克斯发明的玻璃干板所替代。

1868年，美国发明了赛璐珞，美国的古德温首先利用这一发明进行照相感光材料的研制。1887年，一种以赛璐珞胶片作片基，上面涂有感光乳剂的轻便、可绕成卷装在相机里连续分段拍照的感光胶卷问世。1884年，美国的伊斯曼工厂开始成批生产赛璐珞胶卷，并研制出了使用这种胶卷的小型照相机。1888年，伊斯曼柯达公司又根据英国物理学家麦克斯韦所发现的原理，在赛璐珞胶片上涂上三层能分别感受红、绿、蓝三色的感光剂，制成了彩色胶卷，使彩色摄影终成现实。

↑1888年，柯达公司出产的第一部照相机。

↑现今各种样式的照相机

计算机——引领人类走进信息时代的最佳工具

认识大发明

计算机是数字运算工具之一。原为机械结构，用以做加、减、乘、除、开平方、开立方等运算，按传动结构分类，可分为手摇、自动、半自动三种；按用途分类，又有各种专用计算机，如自动加法机、柜式收银机等，目前已淘汰。随着电子技术的发展，出现了电子计算器和电子计算机，结构轻巧，运算速度快，功能多。

世界上第一台电子计算机"埃尼阿克"

世界上第一台电子计算机是美国的莫克莱和埃克特在1946年发明的，名为"埃尼阿克"，装有18000多支电子管和大量的电阻、电容，第一次用电子线路实现运算。计算机重30吨，占地170平方米。主要用于计算弹道和氢弹的研制。

计算机的更新换代

第一代：（1946—1958年）以电子管为主要组件，使用机器语言，存储量小，但运算速度已达到每秒几千次到几万次，主要用于科学计算。

第二代：（1958—1964年）以晶体管为主要组件，使用高级程序设计语言，运算速度每秒几万次到几十万次，除用于科学计算外，还扩大到数据处理和工业控制方面。

第三代：（1964—1970年）以中、小规模集成电路为主要组件，机种多样化、系列化，外部设备不断增加，尤其是终端设备和远程通信设备迅速发展；软件功能进一步完善，运算速度每秒几十万次到几百万次，已广泛运用于各个领域。

↑世界上第一台电子计算机"埃尼阿克"

第四代：（1970年开始）采用大规模集成电路和半导体存储器。体积更小，出现了由多台计算机组成的综合信息网络，深入到社会生活的各个方面。此时运算速度每秒几千万次，最高达每秒几亿次。

现在研制的电子计算机采用超大规模集成电路及其他新的物理器件为主要组件，能处理声音、文字、图像和其他非数值数据，并有推理、联想和学习、智能会话和使用智能库等人工智能方面的功能。

↑世界上第一台电子计算机的发明者埃克特（左）和莫克莱博士（右）

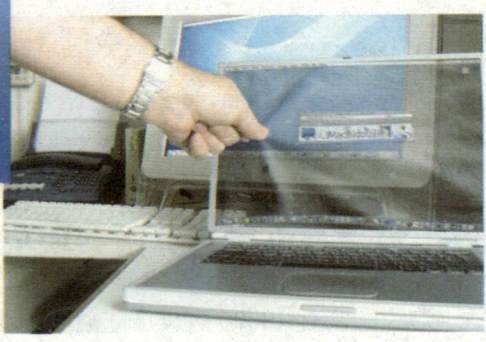

↓苹果公司研制出的笔记本电脑,其显示屏为透明屏幕。

↑计算机的心脏——CPU

电子计算机的组成

计算机是用来处理信息,用以计算的,但如何处理,如何计算,关键取决于软件。我们操作计算机,为使硬件有条不紊地工作,必须给计算机发号指令,安排合理的工作顺序,这个指令就叫做程序。而电子计算机的整个程序系统就叫软件。

电子计算机的程序有两大类,一种是应用程序,另一种是系统程序。我们也可把它们叫做应用软件或系统软件。按照使用者所给出的一串串指令和数据进行工作,指令串就构成了应用程序;供用户使用的、常与电脑硬件直接联系的软件叫系统软件。它一方面负责人与电脑之间交换信息,另一方面负责组织、协调电脑各部分的工作。

电子计算机硬件包括5个部分:运算器、存贮器、控制器、输入装置、输出装置。运算器、内存贮器、控制器称为主机部分,输入、输出装置、外存贮器称为外部设备。

计算机发明的意义

电子计算机的发明标志着真正意义上的信息技术开端。计算机的发明,使人类进入了第三次产业革命——信息化技术革命的新时代。它对人类的科技、经济、工作、生活、学习等各领域带来了深刻的影响和变化,人类社会正向信息化社会过渡,与信息化社会相适应的社会技术是信息技术,信息技术的核心是计算机技术、通信技术和网络技术。

←计算机已成为人们生活中不可或缺的一部分。

电子管——电子时代宣告到来的标志

认识大发明

电子管是在玻璃、陶瓷或金属的密闭管壳内，以少量特定气体充抽成真空或，利用和控制电子流传导的电子器件。管内含有发射电子的阴极和收集电子的阳极及控制电子运算的栅极和其他辅助电极。电子管分真空管和离子管两大类。作整流、放大、调制、发射等用。

电子管的发明

1904年，世界上第一只电子管（真空二极管）在英国物理学家弗莱明的手下诞生，标志着世界从此进入了电子时代。

说起电子管的发明，首先得从"爱迪生效应"谈起。爱迪生这位举世闻名的大发明家，在研究白炽灯的寿命时，在灯泡的碳丝附近焊上一小块金属片。结果，他发现了一个奇怪的现象：金属片虽然没有与灯丝接触，但如果在它们之间加上电压，灯丝就会产生一股电流，趋向附近的金属片。这股神秘的电流是从哪里来的？爱迪生也无法解释，但他不失时机地将这一发明注册了专利，并称之为"爱迪生效应"。后来，有人证明电流的产生是因为炽热的金属能向周围发射电子造成的。但最先预见到这一效应具有实用价值的，则是弗莱明。

←↑ 弗莱明及其发明的真空二极管

1907年，美国发明家德弗雷斯特在真空二极管的基础上加以改良，在二极管的阴极和阳极中间插入第三个具有控制电子运动功能的电极（栅极），制造出第一支电子三极管。与二极管相比，三极管不仅反应更为灵敏，而且集检波、放大和振荡三种功能于一体，更为实用。

电子管的优缺点

由于电子管体积大、功耗大、发热厉害、电源利用效率低、结构脆弱而且需要高压电源的缺点，现在它的绝大部分用途已经基本被固体器件晶体管所取代。但是电子管负载能力强，线性性能优于晶体管，在高频大功率领域的工作特性要比晶体管更好，所以仍然在一些地方（如大功率无线电发射设备）继续发挥着不可替代的作用。电子管推动了无线电技术的发展，极大地改变了人类的生活。

↑ 德弗雷斯特手上拿的是他发明的三极管。

集成电路——信息技术的核心

认识大发明

集成电路是一种微型电子器械或部件。采用一定的工艺,把一个电路中所需的晶体管、二极管、电阻、电容和电感等,制作在一小块或几小块半导体芯片或介质基片上,然后封装在管壳内,成为具有所需电路功能的微型结构。

集成电路的发明

1958年杰克·基尔比发明了集成电路芯片,这是20世纪最伟大的发明之一,杰克·基尔比"宣告"一个信息时代的来临。所有数字装置"心脏"中的微型硅片无可争辩地成为原油以外最重要的工业品。

集成电路的迅猛发展

集成电路的技术发展有其自身规律可循。20世纪30年代诞生的量子论和能带论,是集成电路技术的理论基础;20世纪50年代晶体管和60年代集成电路的发明,使微电子技术沿着"小型化"的道路飞速前进;1958年,美国德州仪器公司和仙童公司各自研制发明了半导体集成电路(IC)之后,发展极为迅猛,从SSI(小规模集成电路)起步,经过MSI(中规模集成电路),发展到LSI(大规模集成电路),然后发展到现在的VLSI(超大规模集成电路)及最近的ULSI(特大规模集成电路),甚至发展到将来的GSI(甚大规模集成电路),届时单片集成电路集成度将超过10亿个组件。

而21世纪的集成电路技术,则由"纳米科学"及"纳米电子学"引领持续发展,主要方向是低功耗、高性能和系统集成,主要标志则是纳米工艺和SOC设计。

集成电路的重要意义

集成电路的发明具有划时代的意义并促成了历史的大转折。集成电路是信息技术产业群的核心和基础,建立在集成电路技术进步基础上的全球信息化、网络化和知识经济浪潮,促使集成电路产业的地位越来越重要,对国民经济、国防建设和人民生活的影响也越来越大。

↑集成电路的发明者杰克·基尔比

↓由集成电路制成的电路板

第4章 科学与技术 KEXUE YU JISHU
探索人类文明发展进程

机器人——帮助人类完成不可完成的任务

认识大发明

机器人亦称"机械人"。是一种能模仿人的某种活动的一种自动智能机械。一般能实现行走和操作生产工具等动作，也能模拟人类部分逻辑思维活动，具有类似视觉、听觉、嗅觉等感觉功能，可在人所不能适应的环境下代替人工作。配装电子计算机，通过编排程序，能具备一定程度的人工智能，例如识别语言和图像，并做出适当反应等，对实现生产自动化和国防现代化具有深远意义。

机器人的发展

目前世界上已有数十万台机器人（1995年共有65万台工业机器人在工作），按机器人的发展水平可分为三代。

第一代机器人是可编程的机器人，以示教再现机器人为代表。示教再现机器人按照人"教"它的动作顺序，自动重复地进行工作，但对外界没有感觉和适应能力，更没有智力。示教方法有"手把手"教，还有采用示教盒进行编程输入或直接用键盘输入编程"教"。

第二代机器人具有感觉器官和电脑，电脑对感觉器官获得的信息进行分析，做出判断，产生控制信号，操纵机械手和行走机构动作。它能适应外界环境的变化，完成各种较复杂的工作。

第三代机器人就是智能机器人，它能接受人的指令（比如声音命令），感觉并识别周围环境，电脑在积累知识的基础上进行学习和思考，做出决策，独立自主地制订或修改工作计划，产生控制信息，控制各部分协调工作，完成各种复杂工作。

机器人专家从应用环境出发，又将机器人分为两大类，即工业机器人和特种机器人。

所谓工业机器人就是面向工业领域的多关节机械手或多自由度机器人。

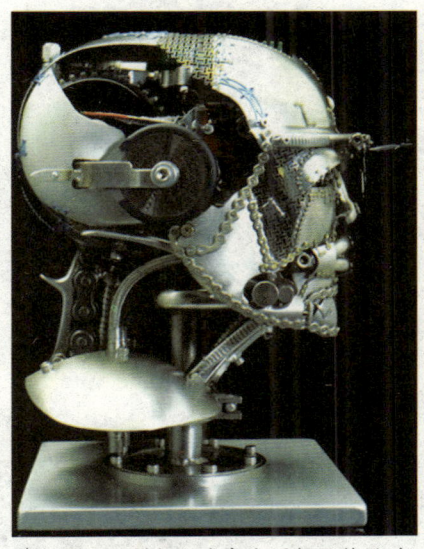
↑机器人可模拟人类部分逻辑思维活动。

←↓外形美观，具有人性化的机器人。

165

特种机器人则是除工业机器人之外的，用于非制造业并服务于人类的各种先进机器人，包括：服务机器人、水下机器人、娱乐机器人、军用机器人、农业机器人、机器人化机器等。

机器人的工作原理及应用

机器人的组成也是仿人的。机器人一般有如下几大部分：电脑及控制装置，相当于人脑及神经系统；胳膊及手爪，相当于人的胳膊和手；轮子或脚（两只脚或多足），相当于人的腿和脚；各种感觉装置（传感器）以及与外界联系的装置，相当于人的口、耳、眼、鼻以及皮肤上的感觉神经；能源装置，相当于人的内脏；传动装置（由马达、链条、拉杆、齿轮等组成），相当于人的肌肉。

从机器人的结构上看，可以说：机器人＝电脑＋传感器＋机械手＋行走装置。

现实机器人的外形并不一定像人，但其功能却与人的某些功能相似。机器人是代替人的仿人机械。它的机械手可以完成各种操作，比如搬重物、焊接工件、装配机器、摘果实、剪羊毛、挤牛奶、扫地、擦玻璃、洗衣服、做饭、端茶喂饭、弹琴作画、写字等。机器人可以用"脚"在地面上移动，在水中游，在墙壁上和海底爬行，在山路和楼梯上步行，跨越障碍。

机器人的感觉器官可以看见外界物体景象，听见声音，检测物体的位置及运动速度，感知与物体接近和接触，检测所抓物体重量，分辨手爪所抓物体的形状、大小以及滑动与否等。电脑能够分析、计算、判断、思考和作决策，产生控制作用，由传动装置使机器人的手和脚完成操作和动作。

由于机器人的特殊性能，不仅在医疗、救灾上发挥了重要作用，并且还被运用在勘探、航天、探险等人类本身无法完成更高难度的领域中。

↑机器人时代已来临，人类是否会成为机器人世界中的异类呢？

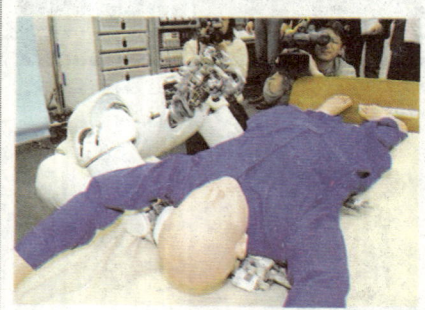

↓机器人护士协助病人，此为模拟试验。

←机器人足球比赛

第 4 章 科学与技术 KEXUE YU JISHU

探索人类文明发展进程

电池——携带轻便的"能量源"

认识大发明

通常所说的电池一般指化学电池。将化学能直接转化成电能的装置。主要部分包括正负两个电极和电解质，使用时用导线把两个电极和外电路连接，即有电流流过，称为放电，从而获得电能。放电到一定程度，经充电能复原续用的称蓄电池，不能复原续用的称"原电池"。广义上也指将其他形式的能量直接转化为电能的装置。

伏特发明了电池

对于电池的发明，意大利物理学家伏特起了决定性的作用。他从意大利解剖学和医学教授伽伐尼的"生物电"试验中获得启发，他认为稳恒电流存在的条件是存在着不同的导体组成的闭合回路。1793 年伏特给出了一个金属系列，即锌、锡、铅、铁、铜、铂、金、银、水银、石墨。他认为"不用动物，也可以产生电流，只要互相接触的两种金属相距越远，引起的震颤就越强"。总而言之，"这种金属不是简单的导电或电流的传导者，而是电的真正发动者"。伏特的发现使人们摆脱了伽伐尼动物生电理论的禁锢。

伏特坚持电流接触说，并改进了自己的实验，以带电容器的静电计取代了作为电流指示器的动物的切片，来测量两种不同金属之间的接触电位差，并用自己发明的麦秆式验电器检验出了两种不同的金属接触时产生的微弱电流。他将其取名为"人工电"或"金属电"。

1799 年，他把银片和锌片成对地叠成 30～40 对，在这些金属之间夹进用盐水浸湿的布块，制成"伏特电堆"，产生了可以连续流通几小时的电。

1800 年，伏特致函英国皇家学会，报告了新电池的发明，并展示了第一个电池。他称自己的电池"有取之不尽用之不竭的电"、"不预先充电也能给出电击"。伏特是第一个试验并提出电压及放电概念的物理学家，为了纪念他，电压的单位被命名为"伏特"。

↑↓日常生活中能经常见到的各种类型的电池。

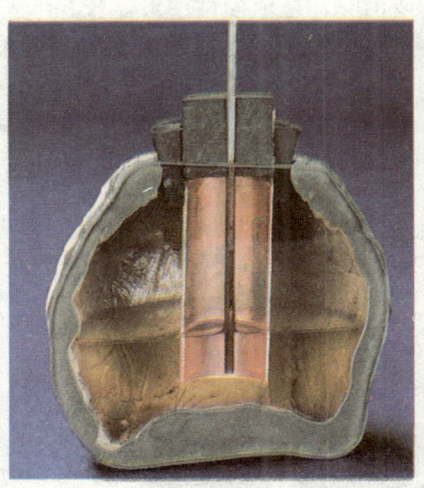
↑据说这是世界上最早的电池。在巴格达附近偶然挖开的一座古墓之中发现的，出自公元前 250 年。

167

→←伏特正在为大家展示他发明的电池。

电池带来的严重污染

随着日常生活中电子产品的增多，电池的使用量也越来越大，人类不得不面对电池污染所带来的环境问题。电池污染的周期长、隐蔽性大，甚至处理不当还会造成二次污染，这主要是由电池的主要组成成分决定的。

废旧电池的危害主要集中在其中所含的少量的重金属上，如铅、汞、镉等。这些电池的组成物质在使用过程中，被封存在电池壳内部，并不会对环境造成影响。但经过长期埋入土壤或水源，就会通过各种途径进入人的食物链。

生物从环境中摄取的重金属可以经过食物链的生物放大作用，逐级在较高级的生物中成千上万地累积，然后经过食物进入人的身体，在某些器官中长期积蓄，难以消除，造成慢性中毒。

中国是干电池的生产和消费大国，一年的产量达 150 亿块，居世界第一位；消费量为 70 亿块，平均每个中国人一年要消费 5 只干电池。据报道，仅 2000 年我国电池产量和消费量就高达 140 亿块，占世界总量的 1／3 左右，而且，电池的生产与消费数量还在逐年增加。因此，在中国废旧电池的污染尤为严重，需引起人们的关注。

龙文小百科 伏特

伏特是意大利杰出的物理学家，1745 年 2 月 18 日出生于意大利一个天主教家庭。

伏特制造仪器的一个杰出例子是起电盘。一块导电板放在一个由摩擦起电的充电树脂"饼"上端，然后用一个绝缘柄与金属板接触，使它接地，再把它举起来，于是金属板就被充电到高电势，这个方法可以用来使莱顿瓶充电。这种操作可以不断地重复。这一发明是非常精巧的，以后发展成为一系列静电起电机。

1827 年 3 月 5 日，伏特去世，终年 82 岁。

←发明电池的意大利物理学家伏特

电灯——让人类不再畏惧黑暗

认识大发明

电灯是照明用的电气器具。最早的是利用电流使物体炽热、发光的白炽灯。完善而实用的白炽灯由美国爱迪生发明。利用在气体、蒸汽或其混合物中放电而发光的电灯，称为"气体放电灯"，其发光效率高，使用寿命长，一般多用于广场、道路等处的照明。有时泛指用电发光的器具。现在常见的电灯包括水银灯、日光灯、霓虹灯、弧光灯等。

电灯——光明使者

在电灯问世以前，人们普遍使用的照明工具是煤油灯或煤气灯。这种灯因燃烧煤油或煤气，因此，有浓烈的黑烟和刺鼻的臭味，并且要经常添加燃料，擦洗灯罩，因而很不方便。更严重的是，这种灯很容易引起火灾，酿成大祸。多少年来，很多科学家想尽办法，想发明一种既安全又方便的电灯。终于在1879年，爱迪生发明了电灯，宣告人类进入了一个光明世界。

↑爱迪生发明的那盏电灯

种类不同的电灯

我们常用的电灯分白炽灯和荧光灯。白炽灯（俗称"电灯泡"）是把钨丝制成的灯线密封在球形玻璃灯泡里，灯泡中抽成真空或充以特殊的气体保护灯丝。当电流通过灯丝时，使灯丝达到非常高的温度，放出光来。白炽灯只把少量的电能变成可见光，其余的变成热辐射放出，因而效率不高。荧光灯（俗称日光灯）是在玻璃灯管中充入少量水银蒸气和惰性气体，灯管内壁涂有荧光粉。通电后，水银蒸气在电的作用下发射出紫外线，荧光粉吸收紫外线就放出很接近日光的可见光。荧光灯的效率比白炽灯高，因此其比同样功率的白炽灯要亮得多。

↑爱迪生发明了电灯，对人类来说是最伟大的贡献。

没有电灯就没有如此灯火辉煌的夜景

核能——令人生畏的能源

核能也叫原子能，是核结构发生变化时放出的能量。质子、中子依靠强大的核力紧密结合在一起，一旦使原子核分裂或聚合，就能释放出巨大的能量，这就是核能。核能是能源家族的新成员，它包括核裂变能和核聚变能两种主要形式。

核能的裂变和聚变

裂变，是核物理中把重核分裂成质量较小的核，释放出核能的反应。裂变能是重金属元素的原子核通过裂变而释放的巨大能量，目前已经实现商业化。因为裂变反应需要的铀等重金属元素在地球上含量稀少，而且裂变反应堆会产生长寿命放射性较强的核废料，这些因素限制了裂变能的发展。

聚变，是另一种核能形式，是目前尚未实现商业化的核能。核聚变是两个较轻的原子核聚合为一个较重的原子核，并释放出能量的过程。自然界中最容易实现的聚变反应是氢的同位素氘与氚的聚变，这种反应在太阳上已经持续了50亿年，氘在地球的海水中蕴藏量非常丰富。因此，聚变能是一种无限的、清洁的、安全的新能源。这就是为什么世界各国，尤其是发达国家不遗余力，竞相研究、开发聚变能的原因所在。

↑两图分别为法、德两国的核电站，从中人们都能清楚看到那巨大冷却塔。

核能的发现

1939年，德国科学家奥托·哈恩发现了元素铀的同位素 $235U$ 原子核在中子的轰击下可以发生核裂变并同时放出能量，很多重核同位素，如 $233U$、$239Pu$ 等，都能产生核裂变反应。而核裂变反应放出的能量比化学反应大得多，这预示了核能利用的前景。

除了 $235U$ 等裂变可以释放出核能外，氢的同位素，如氚（$3H$）的原子核在一定条件下也可以聚合成氦（He）原子核，同时释放出能量，这也是核能的一种形式。我们通常将核裂变反应放出的核能称为"裂变能"，而核聚变反应放出的核能称为"聚变能"。

灾难性的核污染

核污染是指由于各种原因产生的核泄漏甚至爆炸而引起的放射性污染。其危害范围大，对周围生物破坏极为严重，且持续时期长，事后处理危险复杂。

↑我们知道，原子弹制成是基于原子核裂变原理，而这一后来震惊世界的秘密，是由奥托·哈恩首先发现的。

第 4 章　科学与技术　KEXUE YU JISHU
探索人类文明发展进程

1986年4月26日，苏联切尔诺贝利核电站发生核泄漏事故，爆炸时泄漏的核燃料浓度高达60%，且直至事故发生10昼夜后反应堆才被封存，放射性元素一直超量释放。事故发生3天后，附近的居民才被匆匆撤走，但这3天的时间已使很多人饱受了放射性物质的污染。

  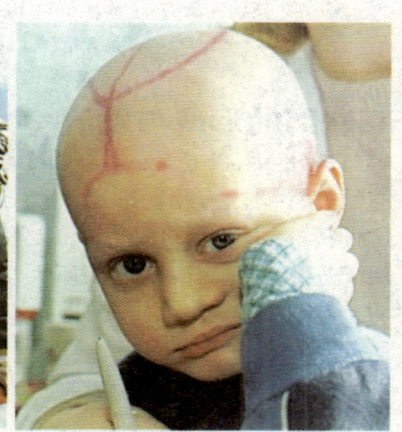

↑当年的切尔诺贝利核泄漏，给当地居民带来持久性伤害。

由于这次事故，核电站周围30千米范围内被划为隔离区，附近的居民被疏散，庄稼被全部掩埋，周围7千米内的树木都逐渐死亡。在日后长达半个世纪的时间里，10千米范围以内将不能耕作、放牧；10年内100千米范围内被禁止生产牛奶。

切尔诺贝利核电站最终被关闭，不仅如此，由于放射性烟尘的扩散，整个欧洲也都笼罩在核污染的阴影中。临近国家检测到超常的放射性尘埃，致使粮食、蔬菜、奶制品的生产都遭受了巨大的损失。核污染给人们带来的精神上、心理上的不安和恐惧更是无法统计。

→奥托·哈恩教授于1938年首次发现铀裂变用的仪器装置，现收藏于德国航海博物馆。

互联网——让世界从此变成"村落"

认识大发明

互联网亦称"国际互联网",是将分布于全球近百个国家的数万个电脑网络连接在一起,拥有数千万个用户的通信网。网上的任意一个用户遵循共同的计算机通信协议,共享资源,彼此交织形成单一的虚拟网络。

互联网的形成与发展

1968年,BBN公司赢得了美国国防研究计划署(ARPA)关于接口信息处理器的研究计划。为此,泰德·肯尼迪议员专门为他们发送了一份电报,表示对BBN的这种精神的赞赏。1969年,剑桥大学的BBN和MA开始负责具体执行ARPA的一项用于连接美国西南部的四所大学的主要计算机的计划。1969年12月,网络连接成功,互联网(即Internet)初步创立起来。

Internet最初的设计仅仅是为了提供通信网络,当部分节点遭到核打击而被摧毁,造成直连路由不可用时,路由器会自动选择备份路由以到达目的。最初的Internet只有计算机专家、工程师和科学家们才能使用。由于当时还没有可供家庭或者办公使用的PC机,对于任何一个使用互联网的人来说,不管他是谁,在使用前都必须先熟悉它复杂的系统。

1973年,温顿·瑟夫和罗伯特·卡恩联合发明了互联网基础协议"TCP/IP",奠定了互联网技术的基础。1980年,美国国防部对其进行了修改,并于1983年开始普遍使用。同时,局域网和其他广域网的产生和蓬勃发展进一步推动了Internet的发展。美国国家科学基金会NSF建立的美国国家科学基金网NSFnet是其中最杰出的成就。

1986年,六大超级计算机中心在NSF建立成功,接着,NSF建立了自己的基于TCP/IP协议簇的计算机网络NSFnet。它先是在全美建立了按地区划分的、和超级计算中心相连接的计算机广域网,再将各超级计算中心连结起来,NSFnet就这样建成了。这一举措使全美国的科学家、工程师都能够共享NSF的超级计算机设施。

NSFnet使Internet实现了向全社会开放的目的,这一点是它对Internet最大的贡献。然而,随着网上通信量的迅猛增长,NSF不得不采用更

↑被人们称之为"互联网之父"的罗伯特·卡恩(上)和温顿·瑟夫(下)

先进的网络技术来适应快速发展的需要。1990年9月,一个非赢利性的组织——先进网络和科学公司 ANS 由 Merit、IBM 和 MCI 公司联合建成。

这个组织建立的目的是创立一个全美范围的 T3 级主干网,它能以 45Mb/s(相当于每秒传送 1400 页文本信息)的速率传送数据。1991 年年底,NSFnet 的全部主干网都已同 ANS 提供的 T3 级主干网相通。ANS 的建立目的达到了。互联网使人们进入了信息化时代。

在 Internet 上,我们可以了解到各行各业的市场前景与发展,来自社会生活的方方面面的信息构成了一个信息社会的缩影,使我们足不出户就可知天下事。

严重的网络危害

网络诈骗:利用互联网进行诈骗已经成为当今世界上第二种最为常见的投资诈骗形式。

泛滥成灾的网络垃圾:自从在互联网上可以发送电子邮件的那一天开始,种种垃圾信件也随之产生了。据称,一个在线公司每天所处理的 3000 万份电子邮件中,近 1/3 都是垃圾邮件。

恶意抢注域名:在互联网刚刚开始普及时,就出现了域名抢注的现象,抢注域名者除了出于恶作剧的心理之外,主要还是想在当事企业注意到这一点时向其卖出以大赚一笔。

色情网站防不胜防:由于互联网可以在全球范围内传递有声的图文并茂的多媒体信息,并具有迅速、使用方便和难以监控的特点,因此,它成为了一些依靠传播色情信息来赚钱的不法分子的重要工具。

瘟疫一般的电脑病毒:计算机病毒破坏力惊人,影响面极大,在一瞬间就可以导致无数系统瘫痪、大量重要数据被毁。面对这种情况,众多互联网用户却无能为力,他们对病毒的危害缺少足够的认识,而传统的杀毒软件又不能做到及时查杀病毒。近年来,频频爆发的计算机病毒犹如瘟疫一般,通过互联网不断袭击着世界上每一个国家的电脑系统,其中的恶性病毒每年都会给信息产业造成巨大的损失。

↑互联网可以说是全球化的先锋,它非但不是虚拟现实而是比现实更加现实。

↑电脑病毒犹如瘟疫一般袭击着电脑系统。

↑互联网对社会造成的负面影响并不低于它的贡献。

激光——最具穿透力的崭新强光源

认识大发明

某些物质原子中的粒子受光或电的激发，由低能级的原子跃迁为高能级原子，当高能级原子的数目大于低能级原子的数目，并由高能级跃迁回低能级时，就放射出相位、频率、方向等完全相同的光，这种光叫做激光。

激光的发明

1960年5月15日，在休斯公司的一个研究室里，年轻的美国物理学家梅曼正在进行一项重要的实验。他的实验装置里有一根人造红宝石棒。突然，一束深红色的亮光从装置中射出，它的亮度是太阳表面的4倍！这是一种完全新型的光，科学家渴望多年而自然界中并不存在的光，它被命名为 Laser，是英文"受激辐射光放大"的缩写，这就是激光。产生激光的装置被称为激光器。激光和激光器的问世，被称为20世纪最重大的科学发现之一。

↑↓ 正在做激光实验的梅曼

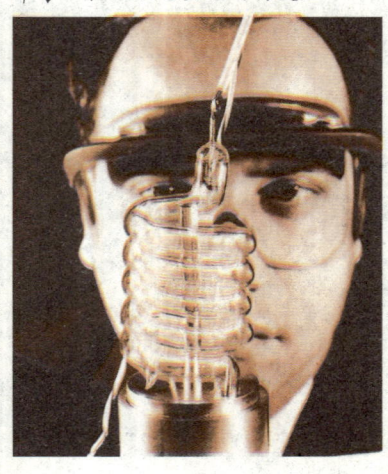

不断发展的激光

1958年12月15日，美国《物理评论》杂志发表了肖洛和汤斯的题为《红外和光的微波激射》论文，宣告"将微波激射技术扩大到红外和光频谱区段时……产生了极其单色的和相干的光"，这就是激光。他们从氨的受激发射着手，提出可能应用的工作介质材料。为此，贝尔实验室的詹万用氦原子与电子非弹性碰撞方法使氦原子处于亚稳态，使其释放的能量激发了氖原子，在1959年提出氦—氖激光器的原理。

1960年，美国休斯研究室的梅曼运用固体的红宝石做实验，研制成功世界上第一台红宝石激光器。梅曼将氙闪光灯发出的光照射在红宝石上，红宝石由于受激而发射出方向高度集中的强光束——激光。第一台红宝石激光器的发明为现代各种激光器的研制奠定了基础。自激光器发明后，由于激光的单色性、方向性、相干性和高亮度极好，为人类带来了一种崭新的强光源。

激光产生的重大意义

激光是20世纪中叶以后几十年内发展起来的一门新兴科学技术。它是现代物理学的一项重大成果，是量子理论、无线电电子学、微波波谱学以及固体物理学的综合产物，也是科学与技术、理论与实践紧密结合产生的灿烂成果。

第 4 章 科学与技术 KEXUE YU JISHU

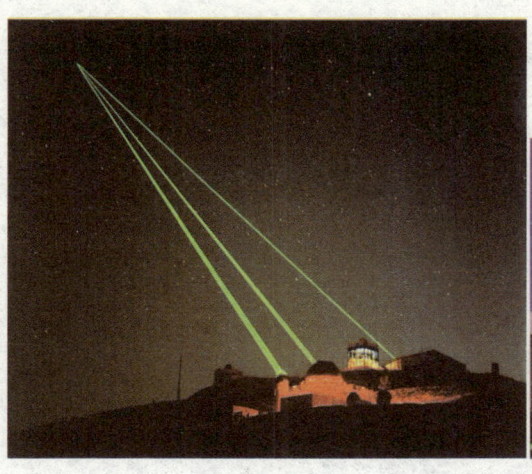

←↓ 激光技术已广泛运用于人们生活中，它的不断发展必将照亮我们现代生活的各个方面。

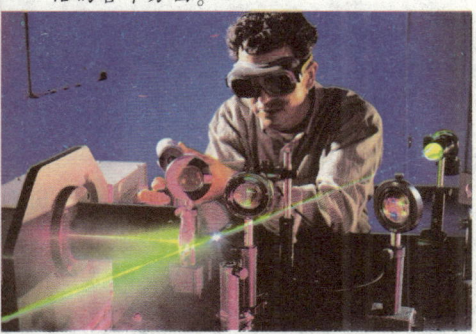

激光科学从它的孕育到初创及发展，凝聚了众多科学家的创造智慧，其中美国物理学家汤斯所做的开创性工作尤为突出。他在量子电子学领域中的基础研究，为微波激射器和激光器的发明奠定了基础。

汤斯的科学探索经历是非常值得我们学习和总结的一份珍贵科学遗产，他的科学探索精神给进行知识创新的后人以启示和借鉴。

龙文小百科　汤斯与激光

汤斯于 1915 年 7 月 28 日出生于美国南卡罗来纳州，是苏格兰人后裔。他的父亲是一位律师，汤斯有兄弟姐妹 5 人。

大学毕业后，汤斯应聘来到了美国著名的贝尔电话实验室工作。在第二次世界大战期间以及战后的数年里，他一直在这里为美国空军从事雷达投弹系统和航海装置的设计工作。其间，他始终没有放松对物理理论问题的研究，并在气体微波波谱方面取得了成就，成为独立发现气体微波波谱的三个物理学家之一。

1948 年，汤斯辞去了贝尔实验室的职务，来到哥伦比亚大学物理系任教，并先后担任了物理系主任和无线电实验室主任。在这里，汤斯确立了他一生致力于并为之孜孜不倦地研究的伟大目标——微波。

1957 年，汤斯在微波激射器的基础上，开始思索设计一种能产生高强度红外或可见光的激射器，它产生的光波就是我们今天所说的激光。1958 年，汤斯发表了有关这方面的论文，确立了激光原理。1960 年，有一名年轻人把这篇文章的内容变成了现实，而汤斯于 1964 年获得了世界自然科学研究的最高奖励——诺贝尔奖。

↑ 1955 年汤斯（左）与戈登（右）一起研制出第一台微波激射器。

太阳能技术——让阳光不仅仅是阳光

认识大发明

太阳能技术是一种把太阳辐射能通过转换装置转换为电能或热能供人们利用的技术。

太阳能利用

人们将太阳能作为一种能源和动力加以利用，距今已经有 300 多年的历史。1615 年法国工程师所罗门·德·考克斯发明了第一台利用太阳能加热空气使其膨胀做功而抽水的机器，这就是最早的太阳能利用。

太阳能可淡化海水，催化治理环境。

20 世纪 50 年代，太阳能利用领域出现了两项重大技术突破：一是 1954 年美国贝尔实验室研制出光电转化率为 6% 的实用型单晶硅电池；二是 1955 年以色列人提出选择性吸收表面概念和理论，并研制成功选择性太阳吸收涂层。这两项技术的突破，为太阳能利用进入现代发展时期奠定了基础。

20 世纪 70 年代以来，鉴于常规能源供给的有限性和环保压力的增加，世界上许多国家掀起了开发利用太阳能和可再生能源的热潮。1973 年，美国制定了政府级的"阳光发电"计划，1980 年又正式将光伏发电列入公共电力规划，累计投入资金达 8 亿多美元。1992 年，美国政府颁布了新的"光伏发电"计划，并制定了宏伟的发展目标。

20 世纪 90 年代以来联合国召开了一系列有各国领导人参加的高峰会议，讨论和制定世界太阳能战略规划、国际太阳能公约，设立国际太阳能基金等，推动全球太阳能和可再生能源的开发利用。开发利用太阳能和可再生能源成为国际社会的一大主题和共同行动，成为各国制定可持续发展战略的重要内容。

↑太阳能技术在今天已经普及每个家庭。

20多年来,太阳能利用技术在研究开发、商业化生产、市场开拓等方面都获得了长足发展,成为世界快速、稳定发展的新兴产业之一。

太阳能利用的优缺点

优点:

1. 普遍性:太阳光散布在地球各个角落,仅因入射角不同而造成光能各异,太阳能不会被少数国家或地区垄断,造成无谓的能源危机。

2. 永久性:太阳的能量极其庞大,科学家计算出至少有600万年的期限,对于人类而言,这样的时间可谓是无限。

3. 无污染性:现今使用最多的矿物能源,其滋生的问题越来越多,其中主要是污染物的排放,能源耗竭越多,产生的污染也就相对增加,太阳能则没有危险性和污染性。

4. 和平性:在人类与自然和平共处的原则下,使用太阳能最不伤和气,且投入使用后将不再需要费用,若设备使用得当,则每年所产生的能量是十分可观的。

↓ 如今高科技的太阳能车,车利用太阳的能量行驶。

缺点:

1. 稳定性差:受日夜交替季节气候的影响,太阳能不断地发生变化。

2. 装置成本过高:基于现在的技术,吸收太阳能的受光面积须达一定规模方有效果,因此相对地成本提高。

3. 目视污染:有人针对太阳能的污染问题提出了"目视污染",即庞大的太阳能收集器造成视觉上的污染。

龙文小百科　无穷的太阳能

地球上的风能、水能、海洋温差能、波浪能和生物质能以及部分潮汐能都是来源于太阳;即使是地球上的化石燃料(如煤、石油、天然气等)从根本上说也是远古以来贮存下来的太阳能,所以广义的太阳能所包括的范围非常大,狭义的太阳能则仅限于太阳辐射能的光热、光电和光化学的直接转换。太阳能既是一次能源,又是可再生能源。它资源丰富,既可免费使用,又无须运输,对环境无任何污染。

→ 地球上的风能、水能、海洋温差能等都是来源于太阳。

人造卫星——太空时代悄然走来的标志

认识大发明

人造卫星是环绕行星或卫星运行的人造天体。是人工研制并由运载火箭航天飞行发射到宇宙空间的物体。一般作为"人造地球卫星"的简称。

各国卫星相继发展

1957年10月4日苏联发射了世界上第一颗人造地球卫星。在20世纪50年代末到60年代初期，各国发射的人造卫星主要用于探测地球空间环境和进行各种卫星技术试验。60年代中期，人造卫星开始进入应用阶段，各种应用卫星先后投入使用。从70年代起，各种新型专用卫星相继出现，性能不断提高。到1984年底，世界各国共发射了3022颗人造卫星。美国于1958年2月1日发射人造地球卫星"探险者"一号，60~70年代法国、日本也发射了本国的卫星。

中国于1970年4月24日发射了人造地球卫星"东方红"一号，到现今，已发射了多种不同类型的人造地球卫星。

"伴侣"一号的标志性意义

1957年10月4日，苏联发射第一枚人造卫星"伴侣"一号成功，此举标志着苏联在太空探险的新旅程。它能不断地发出无线电信号，对空间环境、天体和地球本身进行观测和研究，为人类了解地球、宇宙提供了极大的便利条件，它标志着人类太空时代的到来。

↑1970年4月24日，中国在第一个火箭发射实验基地酒泉卫星发射中心成功发射第一颗人造地球卫星"东方红"一号，中国航天事业的序幕从此拉开。

人造卫星的种类和构造

人造卫星是个兴旺的家族，如果按用途分，它可分为三大类：科学卫星，技术试验卫星和应用卫星。科学卫星是用于科学探测和研究的卫星，主要包括空间物理探测卫星和天文卫星，用来研究高层大气，地球辐射带，地球磁层，宇宙线，太阳辐射等，并可以观测其他星体。技术试验卫星是进行新技术试验或为应用卫星进行试验的卫星。航天技术中有很多新原理，新材料，新仪器，其能否使用，必须在天上进行试验；一种新卫星的性能如何，也只有把它发射到天上去实际"锻炼"，试验成功后才能应用；人上天之前必须先进行动物试验……这些都是技术试验卫星的使命。应用卫星是直接为人类服务的卫星，它的种类最多，数量最大，其中包括：通信卫星、气象卫星、侦察卫星、导航卫星、测地卫星、地球资源卫星、截击卫星等等。

人造卫星由包含各种仪器设备的若干系统组成,这些系统可分为专用系统和保障系统两类。专用系统是指与卫星所执行的任务直接有关的系统,大致可分为探测仪器、遥感仪器和转发器三类。科学卫星使用各种探测仪器(如红外天文望远镜、宇宙线探测器和磁强计等)探测空间环境和观测天体;通信卫星经过通信转发器和通信天线传递各种无线电信号;对地观测卫星使用各种遥感器(如可见光照相机、侧视雷达、多光谱相机等)获取地球的各种信息。保障系统主要有结构系统、热控制系统、电源系统、无线电测控系统、姿态控制系统和轨道控制系统。有些卫星还装有计算机系统,用以处理、协调和管理各分系统的工作。返回型卫星还有返回着陆系统,它由制动火箭、降落伞和信标机组成。

↑用于科学实验的"重力探测B"人造卫星和世界上分辨率最高的"商业"人造卫星。

人造卫星开辟了人类新的视野

人造卫星有着广泛的用途。无线通信、卫星转播电视和互联网都离不开卫星。有了卫星,人们可以实现地球两端的人互相通话而不需海底电缆;通过卫星云图,人们可知三天内气候变化情况;通过卫星,军事情报机构能知道他国最近又有什么新的军事动态,等等。人造卫星的发明标志着人类的活动疆域已经从陆地、海洋、大气层扩大到了宇宙空间,为人类的航天史开创了新纪元。

↓火星漫游车"勇气"号和"机遇"号登陆火星。

宇宙飞船——探究地外文明的神奇交通工具

认识大发明

宇宙飞船是指用多级火箭作运载工具，从地球上发射出去能在宇宙空间航行的飞行器。

载人宇宙飞船是一种天地往返运输器，也是载人航天器中最小的一种。每艘飞船只能使用一次，在太空一般可单独飞行数天到十余天，它也能作为往返于地面与太空站、地面与月球及地面与行星之间的"渡船"，还可与空间站或其他航天器对接后联合飞行。除了载人飞船外，还有货运飞船和载人货运混合飞船。载人宇宙飞船又可分为卫星式、登月式和星际式三种。

↑ "阿波罗" 11 号发射升空的情景

"东方"一号

苏联率先制造出宇宙飞船，在 1961 年 4 月 12 日 "东方" 一号宇宙飞船发射成功。这是人类的第一艘宇宙飞船。

"阿波罗"宇宙飞船

宇宙飞船迄今已经发展了好几代了，目前投入使用的宇宙飞船却屈指可数，可是对有些国家来说，在自己国家航天飞机尚未问世时，宇宙飞船仍然是其发展的重要目标。

宇宙飞船的发展是极其艰难的，我们可以来看看"阿波罗"宇宙飞船的发展历程：从 1969 年 5 月 25 日开始，到 1972 年 12 月底，美国为实施阿波罗计划总共进行了 17 次飞行试验。阿波罗计划也并非一帆风顺。1967 年 1 月 27 日，"阿波罗" 1 号宇宙飞船的三名宇航员，在当地时间 13 时进入飞船座舱时，由于电路短路产生火花，使座舱起火，三名身着不能防火宇航服的宇航员被大火产生的毒气熏死。

"阿波罗" 1～10 号飞船进行登月试验活动。11~17 号均采取实践登月行动，有六艘飞船到达了月球，它们是：

"阿波罗" 11 号，1969 年 7 月 20 日～21 日，在月球静海降落；

"阿波罗" 12 号，1969 年 11 月 14 日～24 日，在月球风暴海降落；

"阿波罗" 14 号，1971 年 1 月 31 日～2 月 9 日，在月球薄拉莫勒地区降落；

↑ "阿波罗" 15 号的月球车

"阿波罗"15号，1971年7月26日~8月7日，在月球亚平宁山哈得利峡谷降落；

"阿波罗"16号，1972年4月16日~27日，在月球迪卡尔高地降落；

"阿波罗"17号，1972年12月6日~19日，在月球曹拉斯利特罗山脉降落。

阿波罗飞船登月并非是直奔而去，而是采用月球轨道交合法，即宇宙飞船从地球轨道进入月球轨道，整艘飞船并不在月球着落，而是分离出一候小登月舱待勘查完毕后，登月舱飞离月球，与飞船会合，再脱离月球轨道，并转入地球轨道，回到地球。

阿波罗计划总共花了11年半时间，耗费了250亿美元，收集了384.2千克的月球土壤岩石样品，并在月球上设置了一些仪器设备，但它是美苏冷战时期的表演仪式，实用价值不大。

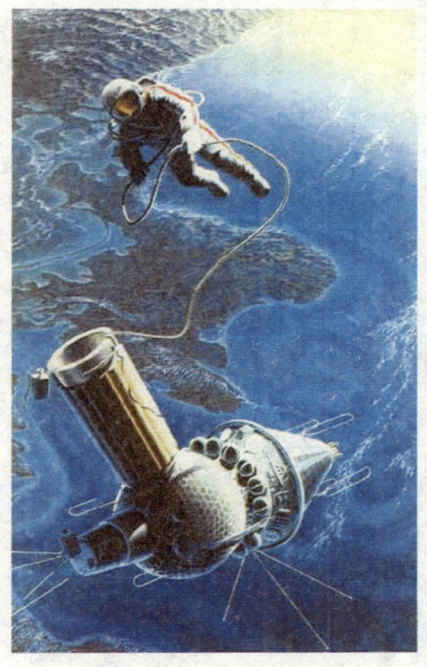

↑画家笔下的太空人

欧洲宇宙飞船

欧洲空间局从20世纪80年代开始载人航天计划。这其中包括太空拖船、载人飞船和"海尔梅斯"航天飞机。

太空拖船是一种空间自动转移飞行器——货运飞船，其两端为圆柱形设备舱和动力舱，中部为燃料箱和平台。载人飞船是搭载有宇航员的飞行器，此飞船采用密封舱，具有重返地球的能力。本来，欧洲空间局预计1997年开始正式研制，21世纪初实现载人飞行，但由于种种原因一再拖延计划。但无人货运飞船的研制却一直在紧锣密鼓地进行，并计划用"阿丽亚娜"五号运载火箭发射上天。

↓加加林——第一个步入太空的人

宇宙飞船使人类实现了登月计划

千百年来，人类一直渴望邀游太空，这个梦想终于在20世纪由载人宇宙飞船率先实现了。1961年4月12日，苏联宇航员加加林乘坐"东方"号载人宇宙飞船升空，成为世界航天第一人，开创了载人航天的新纪元。此举不仅使加加林名扬四海，宇宙飞船也因此蜚声全球。从那时起至今，人类已发射了多种宇宙飞船。

纳米技术——让世界走向更微观

认识大发明

纳米技术是在纳米尺度（1~50 纳米）上研究物质的特征和相互作用，以及如何利用这些特征的科学。包括纳米生物学、纳米机械学、纳米材料学、原子/分子操纵和表征学、纳米制造学等。

纳米技术的提出

"纳米技术"这一名称最初是由谁提出的，已无从考证。最早点燃纳米技术导火索的是美国逻辑物理学家理查德·费曼博士于1959年进行的演讲。

↑美国伟大的物理学家费曼是一个独辟蹊径的思考者。

纳米技术的分类

纳米技术可包括纳米材料技术、纳米加工技术、纳米测量技术、纳米应用技术等方面。其中，纳米材料技术着重于材料生产技术（超微粉、镀膜等）、性能检测技术（化学组成、微结构、表面形态、物、化、电、磁、热及光学等性能）。纳米加工技术包含精密加工技术（能量束加工等）及扫描探针技术。纳米技术的研究和应用，意味着人们将可能从原子、分子的水平上识别探测和控制物质，在纳米尺度上研究原子、分子行为和相互作用的规律，使得人类认识和改造自然、应用自然的能力再一次迎来一个惊人的飞跃。

↑↓属于最前沿的纳米技术目前仍没有被大范围普及。

纳米技术的发展

在工业革命以前，大部分人类生产、科研不需要用到毫米，"毛估估"的做法说明了我们对这个世界认知的粗浅。以蒸汽机等机械发明为主要标志的第一次工业革命，将人类认知推向毫米层次。

第二次工业革命，发明了电，从机械时代进入微电子时代，毫米不够用了，毫米的千分之一——微米诞生。随着科学技术的发展，微米层次的局限越来越明显，例如，电脑芯片虽然已越做越小，但即将达到材料的物理极限，只有进入另一个层次——纳米层次，才会有更大的突破。比如将现在的笔记本电脑变得像手表一样小，或更小，可以把它固定在纺织品面料上，这就是飞跃。

第4章 科学与技术 KEXUE YU JISHU

探索人类文明发展进程

1959年，诺贝尔奖获得者、被认为是继爱因斯坦之后最为伟大的理论物理学家理查德·费曼教授提出："为什么我们不可以从单个分子，甚至原子出发，并进行组装以达到我们的要求？物理学的规律不排除一个原子一个原子的制造物品的可能。"这是关于纳米技术最早的梦想，而在当时却并没有引起人们足够的注意。

20世纪70年代，科学家开始从不同角度提出有关纳米科技的构想。1974年，科学家唐尼古奇最早使用纳米技术一词描述精密机械加工。

"要从分子、原子出发，制造物品，第一步得看见原子和分子"——这一关键性的突破是由德国人开始。1982年，德国科学家发明了研究纳米的重要工具——扫描隧道显微镜，人类从此可以直观地观察到单个原子了，从而揭示了一个可见的原子、分子世界，促进了纳米科技发展。

看得见原子，第二步就是要能够操纵它。1990年，美国加州IBM实验室，将35个氙原子排布成"IBM"3个字母。总面积只有几个平方纳米，人类第一次实现了操纵单个原子，纳米科技的序幕终于被拉开。

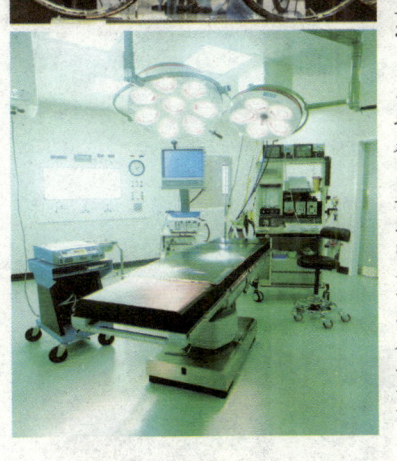

1990年7月，第一届国际纳米科学技术会议在美国巴尔的摩港市（美国马里兰州）举办，标志着纳米科学技术的正式诞生。

← 纳米技术已逐步走向市场，甚至人们的生活中，它将是21世纪的又一次产业革命。

到了1999年，纳米技术已逐步走向市场，全年纳米产品的营业额达到了500亿美元。

近年来，一些国家纷纷制定相关战略或者计划，投入巨资抢占纳米技术战略高地。

纳米技术将带来一次产业革命

科技界认为，纳米科技是人类认识和改造世界能力的重大突破，将引发下一场新的技术革命和产业革命，现已成为21世纪科学技术发展的前沿。它不仅是国际竞争焦点领域信息产业的关键技术之一，也是先进制造业最主要的发展方向之一。正如美国IBM公司首席科学家阿莫特朗所说："正像70年代微电子技术引发了信息革命一样，纳米科学技术将成为下世纪信息时代的核心。"

纳米科技对世界各国来说都属于全新的科技领域。作为一种最具有市场应用潜力的新兴科学技术，其重要性是毋庸置疑的。许多发达国家都投入了大量资金进行研究，正如钱学森院士所预言的那样："纳米左右和纳米以下的结构将是下一阶段科技发展的特点，会是一次技术革命，从而将是21世纪的又一次产业革命。"

183

发电机——电气时代"盛装登场"的标志

认识大发明

发电机是一种使机械能转化为电能的电机。分交流发电机和直流发电机。

↑ "坐失良机"的安培（左）与"跑失良机"的科拉顿（右）

↑↓ 日益精良的现代发电机

19世纪初期，科学家们研究的重要课题是廉价并能方便地获得电能的方法。

1820年，奥斯特成功完成了通电导线能使磁针偏转的实验，当时不少科学家又做了进一步的研究：磁针的偏转是受到力的作用，这种机械力，来自于电荷流动的电力。那么，能否让机械力通过磁转变成电力呢？法国物理学家安培是这些研究者中的一个，他实验的方法很多，但却犯了根本性的错误，实验因此没有成功。

另一位物理学家科拉顿，在1825年做了这样一个实验：他把一块磁铁插入绕成圆筒状的线圈中，他想，这样或许能得到电流。为了防止磁铁对检测电流的电流表的影响，他用了很长的导线把电表接到隔壁的房间。然而，他没有助手，只好把磁铁插到线圈中以后，再跑到隔壁房间去看电流表指针是否偏转。现在看来，他的装置是完全正确的，实验的方法也是对的，但是，他也犯了一个着实令人遗憾的错误，这就是电表指针的偏转，只发生在磁铁插入线圈这一瞬间，一旦磁铁插进线圈后不动，电表指针又回到原来的位置。所以，等他插好磁铁再跑到隔壁房间去看电表时，无论速度多快也看不到电表指针的偏转现象。若是他有个助手，若是他把电表放在同一个房间，他就是第一个实现变机械能为电能的人。如果说安培"坐失良机"，那科拉顿则是"跑失良机"了。

1831年8月29日，英国物理学家法拉第获得了成功，他使机械力转变为电力。他的实验装置与科拉顿的实验装置并无两样，只不过他把电流表放在自己身边，在磁铁插入线圈的一瞬间，指针明显地发生了偏转。于是，他成功了。手使

第4章 科学与技术 KEXUE YU JISHU

探索人类文明发展进程

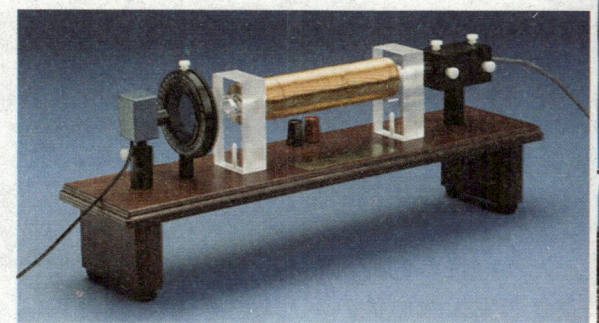
↓ 法拉第发明的第一台发电机

→ 人们早已学会利用风车来发电。

磁铁运动的机械力终于转变成了使电荷移动的电力。

法拉第迈出了最艰难的一步,他不断研究,两个月后,他试制成功了能产生稳恒电流的第一台真正的发电机,标志着人类从蒸汽时代进入了电气时代。

100多年来,相继出现了很多现代的发电形式,有风力发电、水力发电、火力发电、原子能发电、热发电、潮汐发电等。发电机的构造也日臻完善,效率也越来越高,但基本原理仍与法拉第的实验一样:少不了运动着的闭合导体,少不了磁铁。

龙文小百科 电场与磁场

在1800年,意大利物理学家伏特用铜片和锡片浸于食盐水中,并接上导线,制成了世界上第一个电池,这是首次能提供连续性电流的电源,堪称现代电池的始祖。1831年英国物理学家法拉第利用磁场效应的变化,展示感应电流的产生。1851年他又提出物理电力线的概念。这是首次强调从电荷转移到电场的概念。

1865年,英国的麦克斯韦提出电磁场理论的数学式,这理论提供了位移电流的观念,磁场的变化能产生电场,而电场的变化能产生磁场。麦克斯韦预测了电磁波辐射的传播存在,并在1887年德国赫兹展示出这样的电磁波。最终麦克斯韦将电学与磁学统合成一种理论,同时也证明了光是电磁波的一种。

随着科学的演进,人类逐渐理解"电"的物理量所能取得的数值是不连续的,它们所反应的规律是属于统计性的。

→ 英国科学家法拉第发明了发电机后,电力才被有效用作能源,促成日后电灯、电话等电器用品的出现,大大改变了人们的生活模式。

185

无线电——让信息的传递畅通无阻

认识大发明

无线电是指在自由空间（包括空气和真空）传播的电磁波中的一个有限频带，上限频率在300GHz（吉赫兹），下限频率较不统一，在各种射频规范书中，常见的有3kHz~300GHz（ITU－国际电信联盟规定），9kHz~300GHz，10kHz~300GHz。

↑经典电磁理论的奠基人——英国著名物理学家麦克斯韦

↓使用无线电台呼救的美国士兵

无线电技术是通过无线电波传播信号的技术。无线电技术的原理在于，导体中电流强弱的改变会产生无线电波。利用这一现象，通过调制可将信息加载于无线电波之上。当电波通过空间传播到达收信端，电波引起的电磁场变化又会在导体中产生电流。通过调节将信息从电流变化中提取出来，就达到了信息传递的目的。

麦克斯韦最早在他递交给英国皇家学会的论文《电磁场的动力理论》中阐明了电磁波传播的理论基础。他的这些工作完成于1861年至1865年之间。

1864年，英国科学家麦克斯韦在总结前人研究电磁现象的基础上，建立了完整的电磁波理论。他断定电磁波的存在，推导出电磁波与光具有同样的传播速度。1887年德国物理学家赫兹用实验证实了电磁波的存在。之后，人们又进行了许多实验，不仅证明光是一种电磁波，而且发现了更多形式的电磁波，它们的本质完全相同，只是波长和频率有很大的差别。

海因里希·鲁道夫·赫兹在1886年至1888年间首先通过试验验证了麦克斯韦的理论。他证明了无线电辐射具有波的所有特性，并发现电磁场方程可以用偏微分方程表达，通常称为波动方程。

1906年圣诞前夜，雷吉纳德·菲森登在美国麻萨诸塞州采用外差法实现了历史上首次无线电广播。菲森登广播了他自己用小提琴演奏的"平安夜"和朗诵的《圣经》片段。位于英格兰切尔姆斯福德的马可尼研究中心在1922年开播世界上第一个定期播出的无线电广播娱乐节目。